"ධම්මෝ හි වාසෙට්ඨා, සෙට්ඨෝ ජනේතස්මිං
දිට්ඨේ චේව ධම්මේ, අභිසම්පරායේ ච."

වාසෙට්ඨයෙනි, මෙලොවෙහි ත්, පරලොවෙහි ත්
ජනයා අතර ධර්මය ම ශ්‍රේෂ්ඨ වෙයි !

- අග්ගඤ්ඤ සූත්‍රය - භාගයවත් බුදුරජාණන් වහන්සේ

අලුත් දහම් වැඩසටහන - 15

බුදු නුවණින් පිහිට ලබමු

පූජ්‍ය කිරිබත්ගොඩ ඤාණානන්ද ස්වාමීන් වහන්සේ

ISBN : 978-955-687-095-4

ප්‍රථම මුද්‍රණය : ශ්‍රී බු.ව. 2560 ක් වූ වප් මස පුන් පොහෝ දින

සම්පාදනය : මහමෙව්නාව භාවනා අසපුව
වඩුවාව, යටිගල්ඔළුව, පොල්ගහවෙල.
දුර : 037 2244602
info@mahamevnawa.lk | www.mahamevnawa.lk

පරිගණක අකුරු සැකසුම, පිටකවර නිර්මාණය සහ ප්‍රකාශනය :
මහාමේඝ ප්‍රකාශකයෝ
වඩුවාව, යටිගල්ඔළුව, පොල්ගහවෙල.
දුර : 037 2053300, 076 8255703
mahameghapublishers@gmail.com

මුද්‍රණය : ලීඩ්ස් ග්‍රැෆික්ස් (පුද්.) සමාගම,
අංක 356 E, පන්නිපිටිය පාර, තලවතුගොඩ.

බුදු නුවණින් පිහිට ලබමු

අලුත් දහම් වැඩසටහන

15

පූජ්‍ය කිරිබත්ගොඩ ඤාණානන්ද ස්වාමීන් වහන්සේ

විසින් පොල්ගහවෙල මහමෙව්නාව භාවනා අසපුවේ අලුත් දහම් වැඩසටහනේ දී සිදු කළ ධර්ම දේශනා ඇසුරිනි.

මහාමේඝ
MAHAMEGHA

ප්‍රකාශනයකි

පෙළගැස්ම....

නමෝ තස්ස භගවතෝ අරහතෝ සම්මාසම්බුද්ධස්ස
ඒ භාග්‍යවත් අර්හත් සම්මා සම්බුදුරජාණන් වහන්සේට නමස්කාර වේවා!

01.
උදේ වරුවේ ධර්ම දේශනය

සැදැහැවත් පින්වත්නි,

අදත් අපි සියලු දෙනාම මේ රැස්වුනේ අපගේ ශාස්තෘ වූ ඒ භාග්‍යවත් බුදුරජාණන් වහන්සේ වදාළ උතුම් ධර්මයක් ශ්‍රවණය කරලා ඒ ධර්මයෙන් අපේ ජීවිතයට පිහිටක් ලබාගන්නයි. අපට මේ සංසාරේ සැරිසරාගෙන යන්න වෙලා තියෙන්නේ ධර්මයේ හැසිරීම නිසා නෙවෙයි. ධර්මයේ නොහැසිරීම නිසායි. ධර්මය පිළිපැදීම නිසා නෙවෙයි. ධර්මය නොපිළිපැදීම නිසායි. ධර්මයේ නොහැසිරුනොත් කර්මානුකූලව සත්වයා මරණින් මත්තේ සතර අපායට වැටි වැටී, සතර අපායෙන් එතෙර නොවන ගමනක යනවා.

මේකෙන් අත්මිදෙන්න කලාතුරකින් බුදුකෙනෙක් පහළ වෙලා මේ ධර්මය කියා දෙනවා. එතකොට නුවණ තියෙන කෙනා ඒ ධර්මය අහලා බැලිය යුත්තේ තමන් දෙසයි. තමන් ඉන්නේ මොන තත්වයේ ද? තමන්ට

මොකද මේ වෙලා තියෙන්නේ? තමන් ධර්මය තුළද? තමන් ධර්මයෙන් බැහැරද? කියලා තමන් දිහා බලන්න ඕනෙ. ඒ විදිහට තමන්ගේ ස්වරූපය තමන් දැක ගත්තොත් තමන්ට විසඳුමක් ගන්න පුළුවන්. තමන්ට තමන්ව පේන්නේ නැත්නම් විසඳුම් නෑ. එහෙනම් මේ ධර්මය අපි ඉගෙන ගන්නේ කාව දකින්නද? තමාව තේරුම් ගන්නයි. ඒකට උපකාර කරගන්නේ බුදුරජාණන් වහන්සේගේ ධර්මය යි.

සියල්ලෝ සැප කැමැත්තෝ ය....

අද අපි ඉගෙන ගන්න මේ උතුම් දේශනාව ඇතුළත් වෙන්නේ මජ්ඣිම නිකායට. මේ දේශනාවේ නම මහා **ධම්මසමාදාන සූත්‍රය.** ඒ කියන්නේ තමන්ගේ ජීවිතයට යහපත ඇතිකරන දේවලුත් අයහපත ඇතිකරන දේවලුත් සමාදන් වීම ගැන තියෙන විස්තරාත්මක දේශනාව. මේ දේශනාව බුදුරජාණන් වහන්සේ වදාළේ සැවැත් නුවර ජේතවනයේදී. බුදුරජාණන් වහන්සේ භික්ෂූන් අමතලා මෙහෙම දේශනා කරනවා.

"**යේභුයෙය්න භික්ඛවේ සත්තා** මහණෙනි, බොහෝ සෙයින් ම සත්වයෝ **ඒවං කාමා** මෙබඳු දේ කැමැත්තෝය. **ඒවං ඡන්දා** මෙබඳු ආශා ඇත්තෝය. **ඒවං අධිප්පායා** මෙබඳු අභිප්‍රායයන් ඇත්තෝය. **අහෝ** වත **අනිට්ඨා අකන්තා අමනාපා ධම්මා පරිහායෙය්‍යුං** අනේ අපට දුක් කරදර කණගාටු එන්ට එපා...! **ඉට්ඨා කන්තා මනාපා ධම්මා අභිවඩ්ඪෙය්‍යුං.** අපට ඉෂ්ඨ කාන්ත මනාප දේවල් ම ලැබේවා" කියලා.

හැම දෙයක්ම සැප සතුට වෙනුවෙන්....

එහෙනම් මනුෂ්‍යයන් තුළ බහුල වශයෙන්

තියෙන්නේ ඔය අදහස. මොකක්ද ඒ? 'අනේ අපට දුකක් කරදරයක් කණගාටුවක් වෙන්ට එපා...! අපට සැපසේ සතුටින් හොඳින් වාසය කරන්ට ලැබේවා...!' කියන අදහස. මේක තමයි මනුස්සයන් තුළ තියෙන පොදු අපේක්ෂාව. මේක ඇත්තක්ද බොරුවක්ද? ඇත්තක්. මේ බලාපොරොත්තුව නිසා නේද මිනිස්සු දේවාල පස්සේ යන්නේ? යාඥා පොළවල්වලට යන්නේ? ලෝකේ ආගමික ඇදහිලි සීයක් තියෙනවා නම්, සීයම කරන්නේ මොකක් බලාපොරොත්තුවෙන්ද? අපට දුකක් කරදරයක් කණගාටුවක් වෙන්ට එපා...! අපට යහපතක් සැපක් සැනසිල්ලක් ලැබේවා...! කියලයි.

බුදුරජාණන් වහන්සේ වදාළා "නමුත් මහණෙනි, එබඳු බලාපොරොත්තු ඇති මනුෂ්‍යයන්ට ඇතිවෙන්නේ ම කරදර. ඇතිවෙන්නේ ම බලාපොරොත්තු වෙච්ච නැති ප්‍රශ්න. ඒ කියන්නේ සැපය සැනසිල්ල ඇතිවෙන දේවල් නැතිවෙලා, කරදර කම්කටොලු පීඩා ඇතිවෙන දේවල් ම වැඩිවෙනවා." බුදුරජාණන් වහන්සේ අහනවා **"තත්‍ර තුම්හේ භික්ඛවේ කං හේතුං පච්චේථාති** මහණෙනි මේකට හේතුව කුමක් කියලද සලකන්නේ?"

ධර්මයේ ස්වාමියා....

එතකොට භික්ෂූන් වහන්සේලා පිළිතුරු දෙනවා "**භගවං මූලකා නෝ භන්තේ ධම්මා** ස්වාමීනි, අපගේ මේ ධර්මය භාග්‍යවතුන් වහන්සේ මුල්කොට ඇත්තේය. (ඔන්න කල්පනා කළයුතු විදිහ. ඇයි මේ ධර්මය පහළ වුනේ කාගේ හදවතේද? භාග්‍යවතුන් වහන්සේගේ හදවතේ) **භගවං නෙත්තිකා** භාග්‍යවතුන් වහන්සේ නායක කොට, ස්වාමියා කොට ඇත්තේය. **භගවං**

පටිසරණා භාග්‍යවතුන් වහන්සේ පිළිසරණ කොට ඇත්තේය. **භගවතෝ සුත්වා** භාග්‍යවතුන් වහන්සේගෙන් අසා **භික්ඛූ ධාරෙස්සන්ති** භික්ෂූන් වහන්සේලා මේක මතක තබා ගනීවි." "එහෙනම් මහණෙනි, හොඳට සවන් දීලා අහගන්න. මම කියා දෙන්නම්." කියලා භාග්‍යවතුන් වහන්සේ වදාළා.

ඔන්න ඊටපස්සේ බුදුරජාණන් වහන්සේ දේශනා කරනවා "**ඉධ භික්ඛවේ අස්සුතවා පුථුජ්ජනෝ** මහණෙනි, මෙහිලා අශ්‍රැතවත් පෘථග්ජනයෙක් ඉන්නවා." අශ්‍රැතවත් කියන්නේ 'ධර්මය අසා නැති' කියන එකයි. ධර්මය අහගෙන හිටිය පලියට ශ්‍රැතවත් ආර්යශ්‍රාවකයෙක් වෙන්නේ නෑ. ධර්මය අහලා ඒ අහපු දේ තේරුම් ගන්නත් ඕනෙ. පෘථග්ජනයා ගැන බුදුරජාණන් වහන්සේ හැම තිස්සේම දේශනා කරන්නේ බුදුරජාණන් වහන්සේගේ ශාසනයට අයිති නැති, ශාස්තෘ ශාසනයෙන් බැහැර වූ කෙනා කියන අර්ථයෙන්.

පෘථග්ජනයාට වෙන විපත....

ඒ අශ්‍රැතවත් පෘථග්ජනයා **අරියානං අදස්සාවී** ආර්යයන් වහන්සේලා කවුද කියලා තේරුම් අරගෙන නෑ. **අරියධම්මස්ස අකෝවිදෝ** ආර්ය ධර්මය තේරුම් ගැනීමට දක්ෂ නෑ. **අරියධම්මේ අවිනීතෝ** ආර්ය ධර්මයේ හික්මිලා නෑ. **සප්පුරිසානං අදස්සාවී** සත්පුරුෂයන්ව තේරුම් ගන්න බෑ. **සප්පුරිසධම්මස්ස අකෝවිදෝ** සත්පුරුෂයෙක් වෙන ධර්මය තේරුම් ගැනීමට දක්ෂ නෑ. **සප්පුරිසධම්මේ අවිනීතෝ** සත්පුරුෂ ධර්මයේ හික්මිලා නෑ. මේ පුද්ගලයා තමයි කරදරේ වැටෙන කෙනා.

ඒ අශ්‍රැතවත් පෘථග්ජනයා **සේවිතබ්බේ ධම්මේ න**

ජානාති. සේවනය කළයුතු, පුරුදු කළයුතු දේ තේරුම් ගන්නේ නෑ. **අසේවිතබ්බේ ධම්මේ න ජානාති.** පුරුදු නොකළ යුතු දේ, සේවනය නොකළ යුතු දේ තේරුම් ගන්නේ නෑ. **භජිතබ්බේ ධම්මේ න ජානාති.** ඇසුරු කළ යුතු දේ තේරුම් ගන්නේ නෑ. **අභජිතබ්බේ ධම්මේ න ජානාති.** ඇසුරු නොකළ යුතු දේ තේරුම් ගන්නේ නෑ. මොකක්ද නොතේරෙන්න හේතුව? භාග්‍යවතුන් වහන්සේගේ ධර්මය අහලා තේරුම් නොගැනීම (අශ්‍රැතවත්), ආර්යයන් වහන්සේලාව අඳුනගන්න බැරි වීම, ආර්ය ධර්මයට දක්ෂ නැති වීම, ආර්ය ධර්මයේ නොහික්මීම.

අර්බුදවලට හේතුව....

එතකොට මොකද වෙන්නේ, එයා සේවනය කළ යුතු දේ දන්නේ නැති නිසා, සේවනය නොකළ යුතු දේත් දන්නේ නැති නිසා, ඇසුරු කළ යුතු දේත් දන්නේ නැති නිසා, ඇසුරු නොකළ යුතු දේත් දන්නේ නැති නිසා **අසේවිතබ්බේ ධම්මේ සේවති.** සේවනය නොකළ යුතු දේවල් සේවනය කරනවා. **සේවිතබ්බේ ධම්මේ න සේවති.** සේවනය කළ යුතු දේ සේවනය කරන්නේ නෑ. **අභජිතබ්බේ ධම්මේ භජති.** ඇසුරු නොකළ යුතු දේ ඇසුරු කරනවා. **භජිතබ්බේ ධම්මේ න භජති.** ඇසුරු කළ යුතු දේ ඇසුරු කරන්නේ නෑ. මේ නිසා මොකද වෙන්නේ, කරදර, ප්‍රශ්න, අර්බුද ඔක්කොම හටගන්නවා. යහපත, සැනසිල්ල, සැපත පිරිහී යනවා. **තං කිස්ස හේතු?** ඒකට හේතුව මොකක්ද? **ඒවං හේතං භික්ඛවේ හෝති යථා තං අවිද්දසුනෝ** මෝඩයාට, නුවණ නැත්තාට වෙන්න ඕන දේ ඔච්චරයි කියනවා.

ආර්ය ශ්‍රාවකයාගේ වෙනස....

ඊළඟට බුදුරජාණන් වහන්සේ දේශනා කරනවා **සුතවා ච ඛෝ භික්ඛවේ අරියසාවකෝ** මහණෙනි, ශ්‍රැතවත් ආර්ය ශ්‍රාවකයෙක් ඉන්නවා. ඒ කිව්වේ ධර්මය අහලා, අහපු දහම් කරුණු සිතට ගත්තු එක්කෙනෙක් ඉන්නවා. (සිතට ගත්තට පස්සේ, සිතට ගත්ත දහම් කරුණු එයා මෙනෙහි කරනවනේ) ඒ ආර්ය ශ්‍රාවකයා **අරියානං දස්සාවී** ආර්යයන් වහන්සේලා කියන්නේ කවුද කියලා අඳුනනවා. **අරියධම්මස්ස කෝවිදෝ** ආර්යයන් වහන්සේලාගේ ධර්මයට දක්ෂයි. **අරියධම්මේ සුවිනීතෝ** ආර්ය වූ ධර්මයෙහි හික්මෙනවා. **සප්පුරිසානං දස්සාවී** සත්පුරුෂයන් අඳුනනවා. **සප්පුරිසධම්මස්ස කෝවිදෝ** සත්පුරුෂයෙක් කරන ධර්මයට දක්ෂයි. **සප්පුරිසධම්මේ සුවිනීතෝ** සත්පුරුෂ ධර්මයෙහි මනාකොට හික්මෙනවා.

ඒ ශ්‍රැතවත් ආර්ය ශ්‍රාවකයා **සේවිතබ්බේ ධම්මේ පජානාති.** සේවනය කළ යුතු දේ දන්නවා. **අසේවිතබ්බේ ධම්මේ පජානාති.** සේවනය නොකළ යුතු දේත් දන්නවා. **භජිතබ්බේ ධම්මේ පජානාති.** ඇසුරු කළයුතු දේ දන්නවා. **අභජිතබ්බේ ධම්මේ පජානාති.** ඇසුරු නොකළ යුතු දේත් දන්නවා. එයා සේවනය කළයුතු දේ සේවනය කරනවා. සේවනය නොකළ යුතු දේ අත්හරිනවා. ඇසුරු කළයුතු දේ ඇසුරු කරනවා. ඇසුරු නොකළ යුතු දේ අත්හරිනවා. එතකොට මොකද වෙන්නේ? එයාට කරදර, කම්කටොළු, පීඩා අඩුවෙලා යනවා. යහපත, සැනසිල්ල, සැපත වැඩිවෙනවා. ඒකට හේතුව මොකක්ද? **ඒවං හේතං භික්ඛවේ හෝති යථා තං විද්දසුනෝ** මහණෙනි, නුවණින් කල්පනා කරන කෙනෙකුට එහෙම තමයි කියනවා.

ප්‍රාර්ථනාවකින් කරන්න බෑ....

දැන් බලමු කල්පනා කරලා අපේ ජීවිත ගැන. ඔබටත් යම් යම් කරදර කම්කටොලුවලට මුහුණ දෙන්න වෙලා තියෙන්නේ එහෙනම් මොකක් නිසාද? සේවනය නොකළ යුතු දේ සේවනය කිරීම නිසා, සේවනය කළයුතු දේ සේවනය නොකිරීම නිසා, ඇසුරු නොකළ යුතු දේ ඇසුරු කිරීම නිසා, ඇසුරු කළයුතු දේ ඇසුරු නොකිරීම නිසා. එහෙනම් යම් දවසක මේ කරදර කම්කටොළු වලින් අපි මිදෙනවා නම් මිදෙන්නේ ප්‍රාර්ථනාවකින් නෙවෙයි. මොකෙන්ද? සේවනය කළ යුතු දේ සේවනය කිරීමෙන්, ඇසුරු කළ යුතු දේ ඇසුරු කිරීමෙන්, සේවනය නොකළ යුතු දේ සේවනය නොකිරීමෙන්, ඇසුරු නොකළ යුතු දේ අත්හැරීමෙන්.

ධර්මසමාදාන සතරකි....

ඊළඟට බුදුරජාණන් වහන්සේ වදාළා "**චත්තාරිමානි භික්ඛවේ ධම්මසමාදානානි** මහණෙනි, ධර්මසමාදාන සතරක් තියෙනවා." ඒ කියන්නේ යහපත අයහපත ඇතිවෙන සමාදන් වීම් හතරක් තියෙනවා. **අත්ථි භික්ඛවේ ධම්මසමාදානං** මහණෙනි, ධර්මසමාදානයක් තියෙනවා **පච්චුප්පන්නදුක්ඛං චේව ආයතිං ච දුක්ඛවිපාකං** මේ ලෝකෙත් දුකසේ තමයි එයාට ජීවිතය ගත කරන්න වෙන්නේ. පරලොවත් දුකසේ තමයි එයාට විපාක විඳින්න වෙන්නේ. ඒ පළවෙනි එක.

දෙවෙනි එක **පච්චුප්පන්නසුඛං ආයතිං දුක්ඛවිපාකං** මෙලොව දී සැපසේ වාසය කරනවා. හැබැයි පරලොව බොහෝ දුක් විඳින්න වෙනවා. තුන්වෙනි

එක **පච්චුප්පන්නදුක්ඛං ආයතිං සුඛවිපාකං** මෙලොව දුකසේ වාසය කරනවා. හැබැයි පරලොව සැපසේ වාසය කරනවා. හතරවෙනි එක **පච්චුප්පන්නසුඛඤ්චේව ආයතිඤ්ච සුඛවිපාකං** මෙලොවත් සැපසේ වාසය කරනවා. පරලොවත් සැපසේ වාසය කරනවා.

ඔබේ තෝරාගැනීම මොකක්ද...?

එතකොට දැන් බලන්න මේකේ කරුණු හතරක් විස්තර කරනවා. පළවෙනි එක මෙලොවත් දුකසේ වාසය කරනවා. පරලොවත් දුකසේ වාසය කරනවා. ඒ ක්‍රමය තෝරගන්න සතුටුද? නෑ. ඇයි හේතුව, මෙලොවත් දුකසේ වාසය කරන්න තියෙන්නේ. පරලොවත් දුකසේ වාසය කරන්න තියෙන්නේ. තව එකක් තියෙනවා මෙලොව සැපසේ වාසය කරනවා. හැබැයි පරලොව අනන්ත දුක් විඳින්න වෙනවා. ඒකට කැමතිද? නෑ. ඒ කියන්නේ එහෙනම් මෙලොව විතරක් සැපසේ වාසය කරලා අපට වැඩක් නෑ. ඇයි හේතුව? පරලොව බොහෝ දුක් විපාක විඳින්න වෙනවා නම්, ඒ සැපෙන් ඇති පලක් නෑ. එහෙනම් ඒක ඕනෙත් නෑ.

තව එකක් තියෙනවා. මෙලොව දුකසේ වාසය කරනවා. හැබැයි පරලොව සැපසේ වාසය කරනවා. ඒකට කැමතිද? ඒක කමක් නෑ. තව එකක් තියෙනවා මෙලොවත් සැපසේ වාසය කරනවා. පරලොවත් සැපසේ වාසය කරනවා. ඒක...? ඒක බොහෝම හොඳයි. දැන් මෙතෙක් කල් අපි කරගෙන තියෙන්නේ මොකක්ද? එක්කෝ මෙලොවත් දුකසේ වාසය කරලා, පරලොවත් දුකට වැටෙන දේවල්. එහෙම නැත්තම් මෙලොව සැපසේ වාසය කරලා පරලොව දුකට වැටෙන දේවල්.

අඥානයාගේ ඉරණම....

ඊටපස්සේ මේකේ බුදුරජාණන් වහන්සේ පෙන්වා දෙනවා "මහණෙනි, මෙලොවත් දුකසේ වාසය කරන, පරලොවත් දුක් විපාක ලැබෙන වැඩපිළිවෙළ ගැන **අවිද්වා අවිජ්ජාගතෝ** අවිද්‍යාවෙන් යුක්ත, අවිද්‍යාව තුළට පැමිණුන අශ්‍රැතවත් පෘථග්ජනයා මනාකොට දන්නෙ නෑ. 'මේ දේවල් පුරුදු කිරීම නිසා මට මේ ජීවිතේ දී ත් දුක් විඳින්න වෙනවා. ඊළඟ ජීවිතේ දී ත් දුක් විපාක ලැබෙනවා' කියලා තේරෙන්නේ නෑ. නුවණ නැති, අවිද්‍යාවට පැමිණිච්ච පුද්ගලයා ඒ ඇත්ත ස්වභාවය දන්නේ නැති නිසා **තං සේවති** ඒකම කරගෙන යනවා. **තං න පරිවජ්ජේති** ඒක අත්හරින්නේ නෑ. ඒ නිසා හැමදාම දුක් කරදර කම්කටොලුවල පැටලි පැටලී වාසය කරන්න වෙනවා. සැප සතුට සොම්නස පිරිහිලා යනවා. නුවණ නැති, අඥාන පුද්ගලයාට අත්වන ඉරණම ඕච්චර තමයි."

ඊළඟට බුදුරජාණන් වහන්සේ දේශනා කරනවා "මහණෙනි, ඒ වගේ ම අඥාන පුද්ගලයාට මේ ජීවිතේ දී සැප ලබාදෙන, ඊළඟ ජීවිතේ දී දුක් විපාක ලබාදෙන දේවල් සමාදන් වීම ගැනත් හරි හමන් අවබෝධයක් නෑ. 'මේ දේවල් පුරුදු කිරීමෙන් වර්තමානයේ සැප ලැබුණත්, ඊළඟ ජීවිතේ දී දුක් විපාක ලැබෙනවා' කියලා කිසිම අවබෝධයක් නෑ. ඔය විදිහට අවිද්‍යාව තුළ ඉන්න අශ්‍රැතවත් පෘථග්ජනයාට ඒ ගැන කිසි ම අවබෝධයක් නැති නිසා, ඔහු ඒක ම කරගෙන යනවා. ඒක අත්හරින්නෙ නෑ. ඒ නිසා එයාට දුක්, කරදර, කම්කටොළු ම ඇතිවෙනවා. සැප, සතුට, සොම්නස, යහපත නැතිවෙනවා. ඒකට

හේතුව මොකක් ද? මහණෙනි, යථාර්ථය නොදකින කෙනාට ඔච්චර තමයි වෙන්නේ."

සේවනය කළයුතු දේ අත්හරිනවා....

ඊළඟට බුදුරජාණන් වහන්සේ වදාළා "මහණෙනි, ඒ වගේම වර්තමානයේ දුක් ලැබෙන, ඊළඟ ජීවිතේ දී සැප විපාක ලැබෙන දේවල් සමාදන් වීමක් තියෙනවා. අවිද්‍යාව තුළ ඉන්න පෘථග්ජනයාට 'මේ දේවල් සමාදන් වීමෙන් වර්තමානයේ දුක් ලැබුණත්, ඊළඟ ජීවිතේ දී සැප විපාක ලැබෙනවා නෙව' කියල ඒ ගැන කිසිම අවබෝධයක් නෑ. ඒ විදිහට අවිද්‍යාව තුළ ඉන්න අශ්‍රැතවත් පෘථග්ජනයාට කිසිම අවබෝධයක් නැති නිසා, ඔහු ඒක පුරුදු කරන්නේ නෑ. ඒක අත්හරිනවා. ඒ නිසා ඔහුට දුක්, කරදර, කම්කටොළුවලට ම මුහුණ දෙන්න සිද්ධ වෙනවා. සැප, සතුට, සැනසිල්ල, යහපත නැතුව යනවා. ඒකට හේතුව මොකක්ද? මහණෙනි, අවිද්‍යාවෙන් යුක්ත පුද්ගලයාට ඔච්චර තමයි සිද්ධ වෙන්නේ."

දැන් අපි කියමු කෙනෙක් මෙලොව සිල් සමාදන් වෙලා වාසය කරද්දී සමහරවිට එයාට දුකසේ වාසය කරන්න සිද්ධ වෙන්න පුළුවන්. හැබැයි පරලොව සැපසේ වාසය කරන්න ලැබෙනවා. නමුත් එයා ඒක දන්නේ නෑ. ඒ නිසා සීලයේ පිහිටන්නේ නෑ. සිල් සමාදන් වෙන්නේ නෑ. **තං පරිවජ්ජේති** ඒක අත්හරිනවා. මෙලොව දුකසේ ඉඳගෙන හරි පරලොව යහපත සලසා ගන්න වැඩපිළිවෙළ සමාදන් නොවී ඉන්න නිසා එයාට කරදරවල අඩුවක් වෙන්නේ නෑ. ඒක තමයි කියනවා නුවණ නැති එක්කෙනාට වෙන දේ.

මෙලොවත් සැප, පරලොවත් සැප....

ඊළඟට බුදුරජාණන් වහන්සේ දේශනා කරනවා "මහණෙනි, මේ ජීවිතේ දී ත් සැප ලැබෙන, පරලොව ජීවිතේ දී ත් සැප විපාක ලැබෙන දේවල් සමාදන්වීමක් තියෙනවා. අවිද්‍යාව තුළ ඉන්න අශ්‍රැතවත් පෘථග්ජනයාට 'මේ දේවල් පුරුදු කිරීමෙන් මේ ජීවිතේදී ත් සැප ලැබෙනවා. පරලොව ජීවිතේ දී ත් සැප විපාක ලැබෙනවා' කියලා ඒ ගැන කිසිම අවබෝධයක් නෑ. ඒ නිසා අවිද්‍යාව තුළ ඉන්න ඒ අශ්‍රැතවත් පෘථග්ජනයා ඒක පුරුදු කරන්නේ නෑ. ඒක අත්හරිනවා. එතකොට ඔහුට දුක්, කරදර, කම්කටොළු, විපත් ම ඇතිවෙනවා. සැප, සතුට, සැනසිල්ල, යහපත නැතුව යනවා. ඒකට හේතුව මොකක්ද? මහණෙනි, අනුවණයාට සිදුවිය යුතු දේ තමයි ඒ සිදුවෙන්නේ."

නුවණැත්තන්ගේ තේරීම....

ඊළඟට බුදුරජාණන් වහන්සේ පෙන්වා දෙනවා ශ්‍රැතවත් ආර්ය ශ්‍රාවකයෙකුගේ ස්වභාවය. 'මේ මේ දේවල් සමාදන්ව වාසය කළොත්, මේ මේ දේවල් පුරුදු කළොත් මෙලොවත් දුක් විඳින්න සිද්ධ වෙනවා. පරලොවත් දුක් විපාක ලැබෙනවා කියලා එයා දන්නවා. දැනගන්නේ මොකෙන්ද? බුදුරජාණන් වහන්සේගේ ධර්මයෙන්. **තං විද්වා** නුවණැත්තා, **විජ්ජාගතෝ** නුවණට පැමිණුන කෙනා ඒ විදිහට යථාර්ථය දැනගෙන මෙලොවත් දුක් ලැබෙන, පරලොවත් දුක් විපාක ලබාදෙන දේවල් සේවනය කරන්නේ නෑ. එයා ඒක අත්හරිනවා. ඒ නිසා එයා තුළින් දුක් කරදර කම්කටොලු දුරුවෙලා යනවා. සැප සතුට සොම්නස වැඩිදියුණු වෙනවා. ඒකට හේතුව

මොකක්ද? ශ්‍රැතවත් ආර්ය ශ්‍රාවකයෙකුට ඔය දේ තමයි සිද්ධ වෙන්නේ කියනවා.

ඊළඟට බුදුරජාණන් වහන්සේ දේශනා කරනවා "මහණෙනි, මේ ජීවිතේ දී සැප ලැබෙන, ඊළඟ ජීවිතේ දී දුක් විපාක ලැබෙන දේවල් සමාදන් වීමක් තියෙනවා. 'මේ දේවල් පුරුදු කළොත් මේ ජීවිතේ දී සැප ලැබේවි. ඒත් පරලොවදී දුක් විපාක ලැබෙනවා' කියලා ඥානවන්ත කෙනා යථාර්ථයෙන් ම දැනගන්නවා. ඒ නිසා එයා ඒ දේවල් පුරුදු කරන්නෙත් නෑ. ඒවා අත්හරිනවා. එතකොට ඔහු තුළ දුක්, කරදර, පීඩා, විපත් හටගන්නේ නෑ. සතුට, සොම්නස, සැනසිල්ල, යහපත ඇතිවෙනවා. ඒකට හේතුව මොකක්ද? මහණෙනි, අවබෝධයට පැමිණි ශ්‍රාවකයෙකුට සිදුවෙන්න ඕන යහපත තමයි ඒ සිදුවුණේ."

දුකසේ නමුත් සේවනය කළයුතු දේ....

ඊළඟට බුදුරජාණන් වහන්සේ දේශනා කරනවා ධර්මය ශ්‍රවණය කිරීම නිසා නුවණැති කෙනා දැනගන්නවා මේ විදිහට. මේ ජීවිතයේදී දුකසේ කරගෙන යා යුතු වැඩපිළිවෙලක් තියෙනවා. හැබැයි පරලොව ජීවිතයේදී සැප විපාක ලැබෙනවා. **තං විද්වා විජ්ජාගතෝ** නුවණැත්තා නුවණට පැමිණිලා ඒක ඒ ආකාරයෙන් ම දකිනවා. මේ විදිහට හරියාකාරව තේරුම් ගන්න නිසා **තං සේවති** එයා ඒක සේවනය කරනවා. **තං න පරිවජ්ජේති** ඒක අත්හරින්නේ නෑ. එතකොට මොකද වෙන්නේ, ඉෂ්ඨ වූ, කාන්ත වූ, මනාප වූ දේවල් වැඩෙන්ට ගන්නවා. දුක් පීඩා විපත් දුරුවෙලා යනවා. **තං කිස්ස හේතු** ඒකට මොකක්ද හේතුව? නුවණැත්තන්ට ඔය දේ තමයි සිද්ධ වෙන්නේ කියනවා.

ඊළඟට බුදුරජාණන් වහන්සේ වදාළා "මහණෙනි, මෙලොව ජීවිතේ දී ත් සැප ලැබෙන, පරලොව ජීවිතේ දී ත් සැප විපාක ලැබෙන දේවල් සමාදන් වීමක් තියෙනවා. අවබෝධයට පැමිණි ශ්‍රැතවත් ආර්ය ශ්‍රාවකයා 'මේ දේවල් සමාදන් වීමෙන් මෙලොව ජීවිතේ දී ත් සැප ලැබෙනවා. ඊළඟ ජීවිතේ දී ත් සැප විපාක ලැබෙනවා' කියල යථාර්ථයෙන් ම දන්නවා. එයා ඒ දේවල් පුරුදු කරනවා. ඒවා අත්හරින්නෙ නෑ. එතකොට, දුක්, කරදර, කම්කටොළු, විපත් නැතිවෙලා යනවා. සැප, සතුට, සොම්නස, යහපත ඇතිවෙනවා. ඒකට හේතුව මොකක්ද? මහණෙනි, අවබෝධයට පැමිණිච්ච කෙනෙකුට සිදුවෙන්න ඕන යහපත තමයි ඒ සිදුවුණේ." කියනවා.

විස්තර වශයෙන් තේරුම් ගන්න....

ඊළඟට බුදුරජාණන් වහන්සේ මේ වැඩපිළිවෙළවල් හතර විස්තර කරනවා. "මහණෙනි, මෙලොවත් දුක් ඇතිවෙන, පරලොවත් දුක් විපාකයෙන් යුක්ත වෙන වැඩපිළිවෙළ මොකක්ද? මහණෙනි ඇතැමෙක් ඉන්නවා බොහෝම දුකසේ. සිතේ සතුටක් නෑ. නින්දක් නෑ. විවේකයක් නෑ. කායික වශයෙනුත් සැපයක් නෑ. මානසික වශයෙනුත් සැපයක් නෑ. එහෙම වාසය කරමින් සතුන් මැරීමේ යෙදෙනවා. එහෙම රස්සාවල් කරන අය ලෝකයේ නැද්ද? ඉන්නවා. **පාණාතිපාතපච්චයා ච දුක්ඛං දෝමනස්සං පටිසංවේදේති.** සතුන් මැරීම නමැති කාරණය කිරීම නිසාත් කායික දුක් මානසික දුක් විඳිනවා.

ඊළඟට **සහාපි දුක්ඛේන සහාපි දෝමනස්සේන** බොහෝම දුකසේ, කායික දුකෙන්, මානසික දුකෙන් යුක්තව සොරකමේ යෙදෙනවා. ඒ සොරකම හේතුවෙනුත්

එයා දුක් දොම්නස් විඳිනවා. ඒ වගේම කායික දුකින්, මානසික දුකින් යුක්තව වැරදි කාමසේවනයේ යෙදෙනවා. වැරදි කාම සේවනයේ යෙදීම නිසාත් එයා දුක් දොම්නස් විඳිනවා. ඔය අනාචාරයේ යෙදෙන කාන්තාවන් හිටපු ගමන් අල්ලලා ඒගොල්ලන්ගෙන් විස්තර අහනකොට කියනවා 'අනේ මට කිසිසේත් ම ඕනේ නෑ මේ රස්සාව... මං මේක සතුටින් කරන එකක් නෙමෙයි... මං මේක කරන්නේ මගේ ළමයි ටික ජීවත් කරවන්නයි...' කියලා. එතකොට ළමයිව ජීවත් කරවන්න ලෝකේ වෙන රස්සාවල් නැද්ද? එහෙම තියෙද්දී ලේසියට අරක පුරුදු කරගන්නවා.

කට වටකර වැට කොහොම බඳින්නේ....

ඊළඟට තියෙනවා කායික දුකින් යුක්තව, මානසික දුකින් යුක්තව බොරු කියනවා. බොරු කීම නිසාත් එයා දුක් දොම්නස් විඳිනවා. කායික දුකින් යුක්තව, මානසික දුකින් යුක්තව කේළාම් කියනවා. කේළාම් කීම නිසාත් එයා දුක් දොම්නස් විඳිනවා. සමහරු ඉන්නවා රණ්ඩුවලට පැටලි පැටලී යනවා. කේළාම් නවත්වන්නේ නෑ. අර්බුද නවත්වන්නේ නෑ. දුක් විඳ විඳ, රණ්ඩු අල්ල අල්ලා, ගුටි කකා, කේළම් කිය කිය දිගටම යන අය නැද්ද? ඉන්නවා. ඊළඟට කායික දුකින් යුක්තව, මානසික දුකින් යුක්තව පරුස වචන කියනවා. පරුෂ වචන කීම නිසාත් දුක් දොම්නස් විඳිනවා. කායික දුකින් යුක්තව, මානසික දුකින් යුක්තව හිස්කතා කියව කියව ඉන්නවා.

කායික දුකින් යුක්තව, මානසික දුකින් යුක්තව අන්සතු දේට ආසා කර කර ඉන්නවා. අන්සතු දේට ආසා කිරීම නිසාත් බොහෝ දුක් දොම්නස් විඳිනවා.

කායික දුකින් යුක්තව, මානසික දුකින් යුක්තව වෛරී සිතින් වාසය කරනවා. වෛරී සිතින් වාසය කිරීම නිසාත් බොහෝ දුක් දොම්නස් විඳිනවා. කායික දුකින් යුක්තව, මානසික දුකින් යුක්තව මිසදිටුවෙන් වාසය කරනවා. මිත්‍යා දෘෂ්ටියෙන් යුක්තවීම නිසාත් බොහෝ දුක් දොම්නස් විඳිනවා. **සෝ කායස්ස භේදා පරම්මරණා අපායං දුග්ගතිං විනිපාතං නිරයං උපපජ්ජති.** එයා කය බිඳී මරණින් මතු නිරයේ ගිහින් උපදිනවා. මහණෙනි, මේකට කියන්නේ මෙලොවත් දුකසේ වාසය කරන, පරලොවත් දුක් විපාක ලැබෙන වැඩපිළිවෙළ කියලයි.

පව් කර කර සැප විඳින අයත් ඉන්නවා....

මේ වගේ අය හරියට ඉන්නවා. මෙලොවත් දුකසේ, සණ්ඩු සරුවල් මැද්දේ ම, කේළාම් කීම් මැද්දේ ම, නිරන්තරයෙන් ම අසංවර වචන ම කතා කරකර, අශ්ලීල දේවල් ම කතා කර කර දුකසේ වාසය කරන අය හරියට ඉන්නවා. මං හිතන්නේ ලෝකේ මේ ජාතියේ පිරිස වැඩියි කියලා. එතකොට ඒ පිරිස මරණින් මත්තේ කොහේද යන්නේ? නිරයේ උපදිනවා.

ඊළඟට මේ ලෝකයේ තව කොටසක් ඉන්නවා කායික වශයෙනුත් සැපක් විඳ විඳා, මානසිකවත් සතුටක් විඳ විඳා සතුන් මැරීමේ යෙදෙනවා. සතුන් මැරීම නිසාත් කායික මානසික සැපයක් විඳිනවා. සතුන් මැරීමෙන් ධනය හම්බ කරලා බොහොම සැපසේ යාන වාහන තියාගෙන, හොඳ හෝටල්වල ගිහින් කකා බිබී සතුටින් වාසය කරනවා. ඉඩකඩම් අරගෙන ගෙවල් දොරවල් හදාගෙන ඉන්නවා.

ඒ වගේම බොහොම පහසුවෙන් අන්සතු දේ සොරකම් කරගෙන, අන්සතු දේ පැහැරගෙන ඒ පැහැර ගත්තු ධනයෙන් ඉඩකඩම් ගන්නවා. ගෙවල් දොරවල් හදනවා. ළමයින්ට නෝනලාට රත්තරන් කනකර ආභරණ ගෙනල්ලා දෙනවා. පිටට පේන්නේ ඒගොල්ලෝ නිකම් සැපසේ වාසය කරනවා වගේ. තව කොටසක් ඉන්නවා සැපයෙන් සොම්නසින් යුක්තව වැරදි කාම සේවනයේ යෙදෙනවා. වැරදි කාම සේවනයේ යෙදීම නිසාත් සැපයක් සොම්නසක් විඳිනවා. ඒ වැරදි කාමසේවනය හේතුවෙන් එයාට ඉඩකඩම් ලැබෙනවා. යාන වාහන ලැබෙනවා. නොයෙක් තෑගි ලැබෙනවා. පිටරට සවාරි ලැබෙනවා.

මරණින් මතු නිරයේ....

තව කොටසක් ඉන්නවා සැපයෙන් සොම්නසින් යුක්තව බොරු කියනවා. බොරු කීම නිසාත් සැපයක් සොම්නසක් විඳිනවා. බොරු කීම නිසා එයාට ගොඩාක් ධනය ලැබෙනවා. ප්‍රසිද්ධිය ලැබෙනවා. ඊළඟට සැපයෙන් සොම්නසින් යුක්තව කේළාම් කියනවා. කේළාම් කීම නිසාත් සැපයක් සොම්නසක් විඳිනවා. කේළාම් කිව්වාම එයාට සලකනවා. ඒ සැළකිළි නිසා සැපසේ වාසය කරනවා. තව කෙනෙකුට කියනවා 'ගිහින් අසවලාට බැනලා වරෙන්... මං දෙන්නම් උඹට කීයක් හරි...' කියලා. එතකොට මොකද වෙන්නේ? බනිනවා ගිහිල්ලා. බැනලා අර සල්ලි ගන්නවා. අරන් සැපසේ ඉන්නවා. හිස් වචන කියලා සැපසේ වාසය කරනවා.

ඒ වගේම අනුන් සතු දේවල්වලට ආසා කර කර ඒක ගැන සතුටු වෙවී ඉන්නවා. අනුන්ට වලවල් කප

කපා, අනුන්ට හිංසා කර කරා, අනුන්ගෙන් පළිඅරන් අරන් ඒකෙන් සතුටුවෙවී ඉන්නවා. ඊළඟට 'ඔය කොහේ තියෙන පරලොවද...? කොහේ තියෙන නිරයද...?' කියලා හිනා වෙවී, විහිළු කර කර මිත්‍යාදෘෂ්ටියෙන් ඉන්නවා. බුදුරජාණන් වහන්සේ වදාළා මෙයා සැපයක් විඳිනවා මේ ජීවිතයේ. නමුත් ඒ පුද්ගලයා කය බිඳී මරණින් මතු අපාය දුර්ගති විනිපාත නම් නිරයේ උපදිනවා.

පොඩ්ඩක් හරි මොළේ තියෙනවා නම්....

මේ ජාතියේ පිරිසත් ලෝකේ බහුලව වාසය කරනවා. එතකොට ලෝකයේ බහුලව වාසය කරන්නේ කණ්ඩායම් දෙකයි. එක කොටසක් මෙලොවත් දුකසේ වාසය කරනවා. පරලොවත් දුක් විපාක ලබනවා. තව කොටසක් මෙලොව සැපසේ වාසය කරනවා. පරලොව දුක්විපාක ලැබෙනවා. දැන් අපි බුදුරජාණන් වහන්සේගේ ධර්මය අහලා චුට්ටක් හරි මොළේ පෑදුනා නම්, මේ දෙක තෝරාගන්නවද? මේ දෙක තෝරාගන්නේ නෑ.

ඊළඟට තුන්වෙනි ධර්ම සමාදානය ගැන බුදුරජාණන් වහන්සේ දේශනා කරනවා. මෙලොව දුක් ලැබෙන, පරලොව සැප විපාක ලැබෙන වැඩපිළිවෙළ මොකක්ද? මේ ලෝකයේ ඇතැම් කෙනෙක් **සහාපි දුක්ඛේන** කායික දුකින් යුක්තව, **සහාපි දෝමනස්සේන** මානසික දුකින් යුක්තව **පාණාතිපාතා පටිවිරතෝ හෝති** සතුන් මැරීමෙන් වැළකී වාසය කරනවා. සතුන් මැරුවොත් එයාට ලේසියෙන් කීයක් හරි හොයා ගන්න පුළුවන්. ඒත් එයා ඒක කරන්නේ නෑ. කුලී වැඩක් කරලා, අව්වේ මොනවාහරි විකුණලා, එක්කෝ කුඹුරක් කරලා බොහොම අමාරුවෙන් එයා කීයක් හරි හොයාගන්නවා.

දුකසේ වාසය කරනවා. සතුන් මැරීමෙන් වැළකීම නිසාත් එයාට දුකසේ තමයි වාසය කරන්න වෙන්නේ. සතුන් මර මර සැපසේ වාසය කරන අය ඉන්නවා. ඒගොල්ලෝ ඇවිල්ලා එයාට කියනවා 'උඹ මොකද මෙහෙම දුක් විඳින්නේ..? අපි වගේ හිටපං...' කියලා. නමුත් එයා ඒක තෝරගන්නේ නෑ.

පන්සලෙත් හොරු....

තව කෙනෙක් ඉන්නවා කායික දුකින් යුක්තව, දොම්නසින් යුක්තව සොරකමින් වැළකී වාසය කරනවා. සොරකමින් වැළකීම නිසාත් දුක් දොම්නස් විඳිනවා. බුදුරජාණන් වහන්සේගේ කාලේ එක සිද්ධියක් තියෙනවා. පික් පොකට් ගහලා ජීවත් වෙන තරුණ තාත්තලා දෙන්නෙක් හිටියා. මේගොල්ලෝ පික් පොකට් ගහන්න යන්නේ ජේතවනාරාමයට. ගිහිල්ලා ධර්මශාලාවේ මිනිස්සු බණ අහන වෙලාවට හෙමිහිට මිනිස්සුන්ගේ මුදල් පසුම්බියට විඳිනවා. අදත් එහෙම කරන අය නැද්ද? මෙහෙට ඇවිල්ලා හෑන්ඩ්ෆෝන් හොරකම් කරගෙන යනවා, පර්ස් හොරකම් කරගෙන යනවා. අදත් ඉන්නවා ඒ ජාතියේ අය.

ඔන්න ඉතින් තවත් දවසක මේ දෙන්නා ජේතවනාරාමෙට ගිහිල්ලා ධර්ම ශාලාවේ වාඩිවෙලා ඉන්නවා. හිටියට ඒගොල්ලන්ගේ හිතේ තියෙන්නේ බණ ඇසීමේ අපේක්ෂාවක් ද? නෑ. ඒගොල්ලෝ හැම තිස්සේම වටපිට බලන්නේ කාගාවද පේන්ට පසුම්බියක් තියෙන්නේ කියලා. ඔහොම ඉදිද්දී එක්කෙනෙකුගේ එකපාරටම හිත ගියා ධර්මයට. ධර්මයට හිත ගිහිල්ලා හොඳ අවධානයෙන් ධර්මය ඇහුවා. ධර්මය ඇසීමේ කෙළවර එයා සෝවාන්

ඵලයට පත්වුනා. සෝවාන් ඵලයට පත් වුනාට පස්සේ එයා තෝරාගන්නවද අධර්මයේ මාවත? එයා පණ ගියත් අධර්මයේ මාවත තෝරගන්නේ නෑ. නොකා නොබී මැරුණත් අධර්මයේ මාවත තෝරගන්නේ නෑ. එයා ධර්මයට දිවි පිදූ කෙනෙක් වෙනවා.

හාමිනේගෙන් බැණුම්....

ඊටපස්සේ මෙයා හිස් අතින් ගෙදර ගියා. අනිත් එක්කෙනා මුදල් පසුම්බියකට විදලා. මේ දෙන්නගේ ගෙවල් දෙක තියෙන්නේ ළඟ ළඟ. දූන් අර හොරකම් කරපු කෙනාගේ ගෙදර පපඩම් බදිනවා. කරෝල බදිනවා. වෑඩ්ජන් උයනවා. දැන් මේ ගෙදරට සුවඳ එනවා. මේ ගෙදර මොකුත් නෑ එදා. ඇයි දූන් මෙයා සෝවාන් වෙලා ගෙදර ආපු වෙලාවේ ඉඳලා කල්පනා කරන්නේ අතේ පයේ වීරියෙන් දාඩිය වගුරුවලා කීයක් හරි හොයාගන්න පිළිවෙළක් ගැන. දූන් හොරකම් කිරීමේ අදහස නෑ. ඇයි හේතුව? ධර්මය දූක්කා.

ඔන්න දැන් අර හාමිනේ ආවා. ඇවිල්ලා මේ මනුස්සයාගේ කනෙන් අල්ලලා හෙල්ලුවා. 'හොඳට ඉහලට හුස්ම ගනින්... ආන් බලාපන් සුවඳ... මෙහේ මොනවද දූන් තියෙන්නේ...? හුළං බිබී හිටපන්...' කියලා කිව්වා. මේ මනුස්සයා එකට එක කියන්න ගියේ නෑ. එයා බුදුරජාණන් වහන්සේ ළඟට ගිහිල්ලා කිව්වා 'භාග්‍යවතුන් වහන්ස, මෙන්න මෙහෙම එකක් වුනා. මං මේ අදහසින් ආවේ. මට ධර්මය වැටහුනා. මං දූන් බොහොම දුකසේ සොරකමින් වැළකී වාසය කරනවා...' කිව්වා. බුදුරජාණන් වහන්සේ ප්‍රශංසා කළා. 'පින්වත, ඔහොම තමයි. අනිත් අය ඔක්කොම කාකසූරේන ධංසිනා ලෝකේ හූරාගෙන

කන්නේ කාක්කෝ වගේ. ඒක බොහොම ලේසියි ජීවත් වෙන්න. හොරකම් කරලා, අනුන්සතු දේවල් සූරාකාලා, සැපසේ වාසය කරන එක ලේසියි. හැබැයි පරලොවදී නම් සැපක් ලැබෙන්නේ නෑ' කිව්වා.

දුකසේ නමුත් පව්න් වැළකිය යුතුයි....

අපි කියමු කොම්පැණියක් තියෙනවා. මේ කොම්පැණියේ ම පිරිසක් ඉන්නවා මේ කොම්පැණිය සතු දේවල් හොරෙන් අරන් යනවා. හොරෙන් අරන් ගිහිල්ලා ඒගොල්ලෝ හොඳට කාලා බීලා සැපසේ වාසය කරනවා. තව මනුස්සයෙක් ඉන්නවා, එයා ඒ කොම්පැණියේ දේවල් හොරකම් කරන්නේ නෑ. හැබැයි එයා දුකසේ වාසය කරනවා. එතකොට පේනවා අනිත් අය සොරකම් කිරීම හේතුවෙන් සැපසේ වාසය කරනවා. මෙයා සොරකම් නොකිරීම හේතුවෙන් දුකසේ වාසය කරනවා. එහෙම අයත් නැද්ද ලෝකේ? එහෙම අයත් ඉන්නවා. සමහර ප්‍රධානීන් ඉන්නවා හොරකම් කරන. ඊළඟ නිළධාරියගෙන් උදව් ඉල්ලනවා හොරකමට. උදව් කරන්නේ නෑ. ඒ නිසා උසස්වීම් නෑ. කිසි උපකාරයක් නෑ. එතකොට එයා දුකසේ වාසය කරනවා පව් රැස් කරන්නේ නැතිව.

ඊළඟට **සහාපි දුක්ඛේන සහාපි දෝමනස්සේන කාමේසු මිච්ඡාචාරා පටිවිරතෝ හෝති.** කායික දුකෙන්, මානසික දුකෙන් යුක්තව වැරදි කාමසේවනයෙන් වැළකිලා වාසය කරනවා. වැරදි කාම සේවනයේ වැළකීම නිසාත් දුක් දොම්නස් විඳිනවා. මට හම්බවෙලා තියෙනවා එහෙම ගෑණු දරුවෝ. අපිට ඇවිල්ලා කියනවා 'අනේ ස්වාමීනි, අපිට අපි වැඩකරන රස්සාවේ හරි කරදරයි. අපිත් නරක විදිහට වාසය කළොත් අපිට සැපසේ

ඉන්න පුළුවන්. අපිට තනතුරු දෙන්නත් ලෑස්තියි. අපේ කොම්පැණියේ ඉන්නවා කිසි ලැජ්ජාවක් භයක් නැතිව ඔක්කොම පාවලා දීලා සැපසේ ඉන්න අය. නමුත් මේ දුක හොඳයි ස්වාමීනි' කියලා අපිත් එක්ක කියාපු ගෑනු ළමයි ඉන්නවා.

අධාර්මික සැපයට වඩා ධාර්මික දුක උතුම්....

එහෙනම් වර්තමානයේත් නැද්ද දුකෙන් දොම්නසින් යුක්තව වැරදි කාමසේවනයෙන් වැළකිලා වාසය කරන අය? ඉන්නවා. වැරදි කාම සේවනයේ නොයෙදීම හේතුවෙන් ඒ ස්ථානයේ එයාගේ බොස් හැමතිස්සේම බැන බැන, එක්කෝ පාච්චල් කරලා කතා කරන්නේ. ඇයි ඒ මනුස්සයාගේ අදහසට නැමිච්ච නැති නිසා. එහෙම දුකසේ රස්සාවල් කරන අය මේ රටේ නැද්ද? ඉන්නවා. කාමයේ වරදවා හැසිරීමෙන් වැළකීම නිසා දුකසේ වාසය කරනවා.

ඊළඟට සමහරු ඉන්නවා දුකින් දොම්නසින් යුක්තව බොරු කීමෙන් වැළකිලා වාසය කරනවා. බොරු නොකීම නිසාත් දුක් දොම්නස් විඳිනවා. කේළාම් කියලා සැපසේ වාසය කරන අය මැද්දේ කේළාම් නොකියා දුකසේ වාසය කරනවා. පරුෂ වචන කිව්වොත් සැපසේ වාසය කරන්න ලැබෙන තැනක පරුෂ වචන නොකීම නිසා දුකසේ වාසය කරනවා. හිස් වචන කිව්වොත් සැපසේ වාසය කරන්න පුළුවන් තැනක හිස් වචන නොකීමෙන් දුකසේ වාසය කරනවා.

ඊළඟට අන්සතු දේට ආසා කරමින් සැපසේ වාසය කරන අය මැද්දේ අන්සතු දේට ආසා නොකරමින්

දුකසේ වාසය කරනවා. වෛර කරමින් පළිගනිමින් සැපසේ වාසය කරන අය මැද්දේ වෛර නොකොට, පළිනොගෙන, මෛත්‍රී චිත්තයෙන් දුකසේ වාසය කරනවා. ඊළඟට මිත්‍යාදෘෂ්ටියෙන් සැපසේ වාසය කරන අය මැද්දේ සම්මාදිට්ඨියෙන් යුක්තව දුකසේ වාසය කරනවා.

පිටරට රස්සාවල්වලට ගියාම වෙන දේ....

මට එක අම්මා කෙනෙක් හම්බවුනා. ඒ අම්මත් ඔය පිටරට රස්සාවකට ගිහින් මිත්‍යාදෘෂ්ටික පවුල්වල වැඩකරන්න. මට හරි දුක හිතුනා ඒ අම්මා කියපු කථාව අහලා. ඒ අම්මා කිව්වා "අනේ ස්වාමීනි, මම කූඹියෙක් මරලා නෑ මේ අත්දෙකින් ලංකාවේ ඉන්දෙද්දී. මම එහේ ගියේ අවුරුදු දෙකකට අත්සන් කරලා. මං රස්සාව කරන තැනට ගියපු පහුවදාම කුකුල්ලු ගොඩක් ගෙනල්ලා දුන්නා දැන් බෙල්ල මිරිකලා මරලා රෝස් කරලා ගනින් කියලා. අනේ ස්වාමීනි, මේ අත්දෙකින් මට බෙල්ල මිරිකන්න වුනා ඒ සත්තුන්ගේ."

ඔන්න බලන්න වුන දේ. මෙහෙදි කූඹියෙක්වත් මරපු නැති අම්මා. දුකසේ හරි යන්තම් මොනවාහරි කාලාබීලා මෙහේට වෙලා හිටියා නම් ඒ පසුතැවිල්ල ඉතුරු වෙයිද? නෑ. දැන් ඒ අම්මා අවුරුදු දෙකකින් පස්සේ ලංකාවටත් ඇවිල්ලා ඉන්නේ. දැන් මුළු ජීවිත කාලෙම වද දෙනවා නේද හිත? ධර්මය අහද්දී අහද්දී අනේ මට මෙහෙම වුනා, මට මෙහෙම වුනා කියලා හිතට පසුතැවිල්ලක් එන්නේ නැද්ද? පසුතැවිල්ලක් එනවා.

ගබ්සාවේ විපාක....

ප්‍රාණඝාතය කිරිල්ල ඔතනින් නවතින්නේ නෑ.

සමහර අවස්ථාවලදී ඔය පිටරටවල්වල රස්සාවලට ගිහිල්ලා මිනිස්සු එක එක ප්‍රශ්නවලට මැදිවෙලා බඩට ළමයි එනවා. ඊටපස්සේ එහෙමම විනාශ කරගන්නවා. විනාශ කරලා දැන් ප්‍රශ්නේ විසඳුනා කියලා හිතාගෙන සද්ද නැතුව අත පිහදගෙන මෙහේ එනවා. ඔන්න කාලයක් යනකොට ධර්මය අහන්න ලැබෙනවා. ඒ රටවල ඒක ගැටලුවක් නෑ. ඇයි ධර්මයක් අහන්න ලැබෙන්නේ නැනේ.

මෙහේදී ධර්මයක් අහන්න ලැබෙනවා. මේන්න මේකයි ප්‍රාණඝාතය. මෙන්න මේකයි මනුස්ස ඝාතනය. මේන්න ඒවායේ දරුණු විපාක කියලා. දැන් කාටවත් කියාග න්නත් බෑ. 'අනේ මගේ අතින් මෙහෙම දෙයක් වුනා... මට මේක කොහොම බලපායිද...' කියලා හිත ඇතුලේ මේක කැකෑරෙන්න පටන් ගන්නවා. මොකද වෙන්නේ මරණින් මත්තේ? නිරයේ යනවා. ආයේ කලාතුරකින් මනුස්ස ලෝකෙට එන්න හදනවා. අන්න එතකොට අර කර්ම විපාකය එනවා. මව් කුසේම ඝාතනය වෙනවා.

සෝවාන් වුනොත් බේරෙන්න පුළුවන්....

මල්ලිකා දේවීන්නාන්සේ එක්තරා ආත්මෙක තමන්ගේ නිවසට ආපු ආගන්තුකයන්ට සංග්‍රහ කරන්න එළුවෙක් මරවාපු අකුසලයෙන් ආත්ම පන්සීයක් බෙලිකැපුම් කෑවා කියනවා. එතකොට මව්කුසට ආපු දරුවෙක් ඝාතනය කිරීමේ අකුසලයෙන් ආත්ම කීයක් මව් කුසේදී ම මැරෙයිද? අපිට මේක හිතාගන්නවත් පුළුවන්ද? ඒකේ විපාකය සෝවාන් නොවී විසඳන්න බැරි එකක්. අඩුගානේ සද්ධානුසාරී ධම්මානුසාරී මට්ටමට ඇවිල්ලා ඊළඟ ආත්මේ මගඵලලාභීන් වාසය කරන දෙව්

ලොවක උපත ලැබුවොත් ඊළඟ ආත්මෙට බේරුනා. හැබැයි එහෙදි සෝවාන් වෙන්න බැරි වුනොත් ආයෙ විපාක දෙනවා. අපි කියමු දිව්‍යලෝකේ ගියා කියලා. එහේදි සෝතාපන්න වුනේ නැත්නම් පින ඉවර වෙච්ච ගමන් අර කර්ම විපාකය මතුවෙලා නිරයේ යන්න පුළුවන්. විසඳුමක් නෑ මේකේ ධර්මය පුරුදු කිරීම හැර. හොරකම් කරන අයටත් එහෙමයි. වැරදි කාම සේවනයේ යෙදෙන අයටත් එහෙමයි.

කර්ම විපාක අචින්ත්‍යයි....

ආනන්ද මහරහතන් වහන්සේ කලින් ජීවිතේක එක්තරා පිරිමි ආත්මයක් ලැබිලා අසත්පුරුෂයන්ගේ ආශ්‍රය නිසා, කලණමිතුරු ආශ්‍රය නොලැබීම නිසා වැරදි කාමසේවනයේ යෙදුනා. ඔන්න මරණයට පත් වුනා. හැබැයි නිරයේ ගියේ නෑ. ඒක විපාක දෙන්න පරිසරය ආවේ නෑ. වෙන ආත්මෙක පිනක් මතුවෙලා ආයේ මනුස්ස ලෝකෙට ආවා. ඒ ආත්මේ කල්‍යාණමිත්‍රයන්ගේ ආශ්‍රය ලැබුනා. කල්‍යාණ මිත්‍රයන්ගේ ආශ්‍රය ලැබිච්ච නිසා වැරදි කාමසේවනයට නොගිහිල්ලා පින්දහම් කරමින් වාසය කළා.

එහෙමනම් දැන් පින් කරපු නිසා යන්න ඕන දෙවියන් අතරටනේ. දෙවියන් අතරට ගියේ නෑ. එක්කෝ මිනිසුන්ගේ අතරටනේ එන්න ඕනෙ. ඒ ආවෙත් නෑ. ඊට කලින් ආත්මේ වැරදි කාමසේවනය කරපු විපාකේ ඉස්සරහට ආවා. ඇවිල්ලා නිරයේ ගියා. (කල්ප ලක්ෂයක් පෙරුම් පිරූ ආනන්ද මහරහතන් වහන්සේට වෙච්ච දේ. අපිට මේ කටින් කයිවාරු ගහලා කර්ම විපාකයෙන් ගැලවෙන්න බෑ) නිරයේ විඳවලා ඇවිල්ලා උපන්නා

කොටළුවෙක් වෙලා. දැන් දිගටම දෙනවා කර්ම විපාකය. දෙන්න ගත්තම ඔක්කොම ඉවරවෙනකම්ම දෙනවා.

හැංගිලා කරපුවා එළිපිට විපාක දෙනවා....

කොටලුවෙක් වුනාට පස්සේ පොඩිකාලෙම වැඩ ගන්න මේ කොටළුවාගේ ඇට දෙක තැලුවා. එතන කුණු වුනා. ඔබ දැකලා තියෙනවාද ලිංගය කුණුවෙච්ච බල්ලෝ, බැල්ලියෝ සමහර වෙලාවට පාරේ යනවා? බලන්න දුක හිතෙන ආකාරයට රෝග හටගෙන තියෙනවා දැකලා නැද්ද? ඒ වැරදි කාම සේවනයේ විපාක. හැංගි හැංගි කරයි. විපාක දෙන්නේ එළිපිට. ඊටපස්සේ මොකද වුනේ, දැන් මෙයා ඒකෙන් බොහෝම දුකට පත්වෙලා ලෙඩවෙලා මැරුනා. ආයේ ඉපදුනා වඳුරු යෝනියේ. චූටි කාලෙම මහ වඳුරා මෙයාගේ මුත්‍ර මාර්ගය හූරලා දැම්මා. එතන කුණු වෙලා ඒකෙන් මැරුනා. දැන් තිරිසන් ආත්ම දෙකයි නිරයයි තුනයි.

ඔන්න ඊළඟට දිගටම ආත්මභාව හතක් ස්ත්‍රියක් වෙලා උපන්නා. දුක් ම වින්දා. ඊටපස්සේ රාජ කුමාරියක් වෙලා උපන්නා. දැන් ටික ටික මෙයා පින් කරන්න ගත්තා. සිල්වත් වුනා. ඊටපස්සේ ඒ රාජකුමාරි දෙවියන් අතර උපන්නා. කර්ම විපාකේ ඉවර වුනා. ඒ වගේ උතුම් අයටත් එහෙම වුනා නම්, මේ දැන් ඉන්න අය ගැන කතා කරන්න දෙයක් තියෙනවාද? ඒ නිසා දුකසේ හරි සංවරව වාසය කළොත් බේරෙන්න වාසනාවක් තියේවි.

මෙලොවත් සැප, පරලොවත් සැප....

ඊළඟට බුදුරජාණන් වහන්සේ වදාළා "මහණෙනි,

මෙලොව ජීවිතේ දී ත් සැප ලැබෙන, පරලොව ජීවිතේ දී ත් සැප විපාක ලැබෙන දේවල් සමාදන් වෙනවා කියන්නෙ මොකක්ද?" සමහරු ඉන්නවා කායික සැපයෙන්, මානසික සැපයෙන් යුක්තව සතුන් මැරීමෙන් වැළකී වාසය කරනවා. සතුන් මැරීමෙන් වැළකිලා, බොහෝම ධාර්මික රස්සාවල් කරගෙන, හොඳට යාන වාහන තියාගෙන, ගෙවල් දොරවල් හදාගෙන, බොහොම සැපසේ වාසය කරන අය ඉන්නවා.

කායික සැපයෙන් යුක්තව, මානසික සැපයෙන් යුක්තව අන්සතු දේ පැහැර නොගෙන වාසය කරනවා. සොරකම් නොකර තමන්ගේ උත්සාහයෙන්, තමන්ගේ වීරියෙන්, තමන්ගේ ධෛර්යයෙන් ධනය උපයලා සැපසේ වාසය කරන අය ඉන්නවා. ඊළඟට කායික සැපයෙන්, මානසික සැපයෙන් යුක්තව වැරදි කාමසේවනයෙන් වැළකිලා වාසය කරනවා. වැරදි කාමසේවනයෙන් වැළකිච්ච එක්කෙනාට ලෙඩදුක් අඩුයි. නින්දා අපහාස අඩුයි. ගැරහිලි අඩුයි. බියසැක අඩුයි. මේ අකුසල් වලින් වැළකීම නිසාත් එයාට කායික සැපයෙන්, මානසික සැපයෙන් යුක්තව වාසය කරන්න පුළුවන්.

පහසුවෙන් කුසල් වැඩිය හැකි පැවිද්ද....

ඊළඟට කායික සැපයෙන්, මානසික සැපයෙන් යුක්තව බොරුවෙන් වැළකිලා වාසය කරනවා. කායික සැපයෙන්, මානසික සැපයෙන් යුක්තව කේළමින් වැළකී වාසය කරනවා. කායික සැපයෙන් යුක්තව, මානසික සැපයෙන් යුක්තව පරුස වචන කීමෙන් වැළකිලා වාසය කරනවා. කායික සැපයෙන් යුක්තව, මානසික සැපයෙන් යුක්තව හිස් වචන කීමෙන් වැළකිලා වාසය කරනවා. මේ

විදිහට වචනය සංවර කරගැනීම නිසාත් කායික සැපයක්, මානසික සැපයක් විඳිනවා.

දැන් බලන්න පැවිද්දෙකුට මේ ඔක්කොම ප්‍රතිලාභ ගන්න පුළුවන් නේද? සතුන් මැරීමෙන් වැළකීම හේතුවෙන් කායික මානසික සැපයක් විඳින්න පුළුවන්. සොරකමින් වැළකීම හේතුවෙන් කායික මානසික සැපයක් විඳින්න පුළුවන්. බ්‍රහ්මචාරීව සිටීම හේතුවෙන් කායික මානසික සැපයක් විඳින්න පුළුවන්. බොරු කීමෙන් වැළකීම හේතුවෙන් කායික මානසික සැපයක් විඳින්න පුළුවන්. කේළාම් කීමෙන් වැළකීම හේතුවෙන් කායික මානසික සැපයක් විඳින්න පුළුවන්. පරුෂ වචන කීමෙන් වැළකීමෙන් කායික මානසික සැපයක් විඳින්න පුළුවන්. හිස් වචන පාවිච්චියෙන් වෙන් වීමෙන් කායික මානසික සැපයක් විඳින්න පුළුවන්. ඊළඟට අන්සතු දේට ආසා නොකිරීමෙන් කායික මානසික සැපයක් විඳින්න පුළුවන්. මෙත්සිත පැතිරවීමෙන් කායික මානසික සැපයක් විඳින්න පුළුවන්. සම්මා දිට්ඨියෙන් කායික මානසික සැපයක් විඳින්න පුළුවන්. ලේසියෙන් ම පැවිද්දෙකුට ඉතා සැපසේ වාසය කරන්න පුළුවන්.

විෂ මිශ්‍ර තිත්ත ලබු යුෂ....

ඊළඟට තියෙනවා "මේ දස අකුසලයෙන් වැළකිලා ඉන්න කෙනා කායස්ස භේදා පරම්මරණා සුගතිං සග්ගං ලෝකං උපපජ්ජති කය බිඳී මරණින් මතු සුගති සංඛ්‍යාත ස්වර්ග ලෝකයෙහි උපදිනවා. මහණෙනි, මේකට තමයි මෙලොව දී ත් සැප විඳින, පරලොව දී ත් සැප විපාක තියෙන දේවල් සමාදන් වෙනවා කියලා කියන්නේ." මේ තමයි ධම්මසමාදාන හතර.

ඊටපස්සේ බුදුරජාණන් වහන්සේ මේ එක් එක් ධර්ම සමාදානයට ලස්සන උපමා හතරක් දේශනා කරනවා. "මහණෙනි, ඔන්න මාරාන්තික වසක් දාපු තිත්ත ලබු යුෂ පානයක් තියෙනවා. එතනට පුරුෂයෙක් එනවා. එයා ජීවත් වෙන්න කැමති, මැරෙන්න අකැමති කෙනෙක්. සැපයට කැමති, දුක පිළිකුල් කරන කෙනෙක්. තව කෙනෙක් එයාට කියනවා. 'එම්බා පුරුෂය, මෙන්න තියෙනවා මාරාන්තික විෂ දාපු තිත්ත ලබු යුෂ බීමක්. ඔබ කැමති නම් බොන්න පුළුවනි. හැබැයි මේක බොන කොට මේකෙ පාටටවත්, සුවඳටවත්, රසටවත් ආශාවක් නම් ඇතිවෙන්නෙ නෑ. බිව්වට පස්සෙ එක්කෝ ඔබ මැරිලා යාවි. එක්කෝ මාරාන්තික දුකකට පත් වේවි' කියලා.

විෂ මිශ්‍ර පැණි බීම....

එයා ඒකට ඇහුම්කන් දෙන්නෙ නෑ. අර බීම එක බොනවා. ඒක බොනකොටත්, ඒකෙ පාටටවත්, සුවඳටවත්, රසට වත් ආශාවක් ඇතිවෙන්නෙ නෑ. බිව්වට පස්සෙ එක්කෝ ඒ පුරුෂයා මැරිලා යනවා. එහෙම නැත්නම් මාරාන්තික දුකකට පත්වෙනවා. මහණෙනි, මෙලොව දී ත් දුක් විඳින, පරලොව දී ත් දුක් විපාක ලැබෙන, යම් දේවල් සමාදන් වීමක් ඇද්ද, අන්න ඒ අයහපත් සමාදන් වීම ගැන තමයි ඔය උපමාව කරන්න තියෙන්නේ." එතකොට ජීවත්වීම පිණිස එබඳු මාවත් තෝරාගත්තු අය ලෝකෙ නැද්ද? ඉන්නවා.

ඊළඟට බුදුරජාණන් වහන්සේ දේශනා කරනවා "මහණෙනි, ප්‍රණීත බීමක් තියෙනවා. ඒ බීම එකේ පාටත් ලස්සනයි. සුවඳයි. ඒ වගේම රසවත්. හැබැයි වස දාලා

තියෙන්නේ. මනුස්සයෙක් එතනට එනවා. එයත් ජීවත් වෙන්න කැමතියි. මැරෙන්න කැමති නෑ. සැප කැමතියි. දුකට කැමති නෑ. එයාට කියනවා 'එම්බා පුරුෂය, මෙන්න තියෙනවා හොඳ පානයක්. මේ බලාපං මේක කොච්චර ලස්සනයි ද... කොච්චර සුවඳයි ද... ඒ වගේම තමයි මේකේ රස. මේක පානය කරද්දී උඹ ගොඩාක් සතුටු වේවි. හැබැයි මේකට වස දාලා තියෙන්නේ. උඹ මේක බීලා එක්කෝ මැරේවි. එහෙම නැත්නම් මාරාන්තික දුකට පත්වේවි.' කියලා. මෙයා ඒ එකක්වත් නොසලකා රසයට ආසාවෙන් සුවඳට ආසාවෙන් ඒක බොනවා. බිව්වට පස්සේ එක්කෝ එයා ඒකෙන් මැරෙනවා. එහෙම නැත්නම් මාරාන්තික දුක් විඳ විඳ ඉන්නවා. මහණෙනි, මෙලොව සැප තිබෙන නමුත්, පරලොව දුක් විපාක ලැබෙන දේවල් සමාදන් වීමක් ඇද්ද, අන්න ඒ සමාදන් වීම ගැන ඔය උපමාව තමයි මට කරන්න තියෙන්නේ" කියලා වදාළා.

පාණ්ඩු රෝගයට බෙහෙතක්....

ඊළඟට බුදුරජාණන් වහන්සේ දේශනා කරනවා "මහණෙනි, **පූතිමුත්තං නානාභේසජ්ජේහි සංසට්ඨං** ගව මුත්‍රවලට නොයෙක් ආකාරයේ ඖෂධ වර්ග එකතු කරපු බෙහෙතක් තියෙනවා. **අථ පුරිසෝ ආගච්ඡෙය්‍ය පණ්ඩුරෝගී** ඔතනට පාණ්ඩුරෝගය හැදිච්ච පුරුෂයෙක් එනවා. එයාට කියනවා 'එම්බා පුරිෂය, මේ තියෙන්නේ නොයෙක් වර්ගයේ ඖෂධ දාපු ගවමුත්‍ර එකක්. හැබැයි මේකේ කිසිම පෙනුමක් නෑ. මේක ගඳයි. කිසිම රසයකුත් නෑ. නුඹට මේකේ සුවඳින්වත් රසයෙන්වත් පාටින්වත් සතුටක් ඇතිවෙන්නේ නෑ. හැබැයි මේක බිව්වොත් උඹේ

පාණ්ඩුරෝගය සනීප වෙනවා’ කියලා.

එහෙම කිව්වහම මෙයා ඒකේ තියෙන පාට ගැන සැලකිලිමත් වෙන්නේ නෑ. ඒකේ තියෙන ගඳ ගැන සැලකිලිමත් වෙන්නේ නෑ. ඒකේ තියෙන නීරසබව ගැන සැලකිලිමත් වෙන්නේ නෑ. මෙයා සැලකිලිමත් වෙන්නේ තමන්ගේ සුවපත් වීම ගැනයි. **සෝ තං පටිසංඛාය පිවෙය්‍ය** ඒ ගැන සැලකිලිමත් වෙලා එයා ඒ බෙහෙත බොනවා. **නප්පටිනිස්සජ්ජෙය්‍ය** ඒක එපා කියලා අතහරින්නේ නෑ. හැබැයි එයා සතුටකින් නෙවෙයි ඒක පානය කරන්නේ. සනීප වෙන්න ඕන නිසයි. ඒක බීලා එයා සුවපත් වෙනවා. **තථූපමාහං භික්ඛවේ ඉමං ධම්මසමාදානං වදාමි** මහණෙනි, මේ ධර්ම සමාදානය ගැන කියන්න තියෙන්නෙත් එබඳු උපමාවකින්. මොකක්ද? මෙලොව දී දුක් ලැබෙන නමුත්, පරලොව සැප විපාක තියෙන දේවල්වල යම් සමාදන් වීම. වීරිය තියෙන කෙනෙකුට දුකසේ නමුත් මේක කරන්න බැරිද? පුළුවන්.

ප්‍රණීත බෙහෙතක්....

ඊළඟට බුදුරජාණන් වහන්සේ වදාළා “මහණෙනි, දී කිරි, මී පැණි, ගිතෙල්, පැණි කලවම් කරල හදපු බෙහෙතක් තියෙනවා. ඒකට කියනවා චතුමධුර කියලා. ඔතනට එනවා ලේ බඩයන රෝගියෙක්. මේ රෝගියාට තව එක්කෙනෙක් ඇවිල්ලා කියනවා ‘මේන්න චතුමධුර එකක් හදලා තියෙනවා. ඔබ කැමති නම් මේක පානය කරන්න. ඔබ ඒක පානය කරන කොට ඒකේ පාට ගැනත්, සුවඳ ගැනත්, රසය ගැනත් ගොඩක් සතුටු වේවි. ඒ වගේ ම ඒක බිව්වට පස්සෙ ඔබ සුවපත් වේවි’ කියලා.

එතකොට මේ කෙනා ඒක සලකලා පානය කරනවා. ඒක බැහැර කරන්නෙ නෑ. එයා ඒක පානය කරන කොට ඒකෙ පාට ගැනත්, සුවඳ ගැනත්, රස ගැනත් සතුටු වෙනවා. ඒ වගේම ඒක පානය කරල එයා සුවපත් වෙනවා. මහණෙනි, මෙලොව දී ත් සැප ලැබෙන, පරලොව ජීවිතේ දී ත් සැප විපාක ලැබෙන දේවල් සමාදන් වීමක් ඇද්ද, අන්න ඒ දේවල් සමාදන් වීම උපමා කරන්න තියෙන්නෙ මේකට තමයි." කියලා බුදුරජාණන් වහන්සේ වදාළා.

සරත් කලට අහසෙ දිලෙන හිරු මඬල....

ඊළඟට මේකේ කියනවා "මහණෙනි, වැස්ස කාලේ අන්තිම මාසේ සරත් කාලයේ වළාකුළු පහ වූ අහස්තලේ හිරු මඬල නැග එද්දි, අහස පුරා තිබුණු හැම අඳුරක් ම නැති වෙලා ගිහින් අර හිරු මඬල බබලන්න පටන් ගන්නවා. රස්නෙ පැතිරෙන්න පටන් ගන්නවා. දිලිසෙන්න පටන් ගන්නවා. මහණෙනි, ඔන්න ඔය විදිහම යි, මෙලොව දී ත් සැප විඳින, පරලොව දී ත් සැප විපාක ලැබෙන දේවල්වල සමාදන් වීමක් ඇද්ද, අන්න ඒක, වෙනත් බොහෝ ශ්‍රමණබ්‍රාහ්මණයන්ගේ වාද විවාදවල ඔද තෙද බිඳගෙන බබලන්න පටන් ගන්නවා."

පින්වත්නි, බුදුරජාණන් වහන්සේගේ ධර්මය තුළ පෙන්වා දීලා තියෙන බඹසර ජීවිතය, එහෙම නැත්නම් පැවිද්ද ඒ හතරවෙනි ධර්ම සමාදානයට තමයි අයිති වෙන්නේ. එකතැනක බුදුරජාණන් වහන්සේ දේශනා කරනවා මහණෙනි, දුකසේ හරි මේ බඹසර රකින්න කියනවා. දුකසේ හරි බඹසර රැකගෙන වාසය කළත් එයා ඒකෙන් ඒකාන්තයෙන් ම සැප ලබනවා. යහපත ලබනවා කියනවා.

කාමයෙහි දොස් නොදැකීම....

ඊළඟට මේ දේශනාවත් එක්ක ම තියෙනවා **චූළ ධම්මසමාදාන සූත්‍රය.** ඒ සූත්‍රයේ බුදුරජාණන් වහන්සේ දේශනා කරනවා මෙහෙම. "මහණෙනි, ධර්ම සමාදාන හතරක් තියෙනවා. ඒ හතර මොනවාද? මෙලොවදී සැප ලැබෙන, පරලොවදී දුක් විපාක ලැබෙන දේවල්වල සමාදන් වීමකුත් තියෙනවා. මෙලොවදී දුක් ලැබෙන, පරලොවදී ත් දුක් විපාක ලැබෙන දේවල්වල සමාදන් වීමකුත් තියෙනවා. මෙලොවදී දුක් ලැබෙන, පරලොවදී සැප විපාක ලැබෙන දේවල්වල සමාදන් වීමකුත් තියෙනවා. මෙලොවදී ත් සැප ලැබෙන, පරලොවදී ත් සැප විපාක ලැබෙන දේවල්වල සමාදන් වීමකුත් තියෙනවා."

බුදුරජාණන් වහන්සේ දේශනා කරනවා සමහර ශ්‍රමණබ්‍රාහ්මණයන් අතර මතයක් තියෙනවා 'අනේ මේ පංචකාමයන් සේවනය කළාට කිසි වැරද්දක් නෑ. තමන්ට හිතු මනාපෙට ජීවත් වුනාට කිසි වැරද්දක් නෑ කියලා. **තේ කාමේසු පාතව්‍යතං ආපජ්ජන්ති.** ඔවුන් කාම සැපය උදෙසා වරදට පෙළඹෙනවා. **තේ ඛෝ මෝළියබද්ධාහි පරිබ්බාජිකාහි පරිචාරෙන්ති.** (මේ කියන්නේ ඒ කාලේ හිටපු තාපසවරු ගැන) ඒගොල්ලෝ කොණ්ඩේ උඩට බැඳපු තාපසියන් එක්ක පවුල් කන්න පටන් ගන්නවා.

යොවුන් තාපසියන්ගේ පහස....

ඊටපස්සේ මෙහෙමත් කියනවා. 'මේ භවත් ශ්‍රමණ බ්‍රාහ්මණයන් කාමයන් පිළිබඳ අනාගත භය දකිමින් මේ කාමයන් අත්හරින්න' කියලා මොනවට කියනවද මන්දා?

'කාමයන් ගැන යථාර්ථය දකින්න' කියල මොනවට කියනවද මන්දා? මේ මෘදු ලොම් ඇති අත්වලින් යුතු යොවුන් තාපසියන්ගේ පහස කොයිතරම් අගේ ද?' කියලා කාම සේවනයේ යෙදෙනවා. **තේ කාමේසු පාතව්‍යතං ආපජ්ජිත්වා** ඔවුන් කාමයන් නිසා වරදට පෙළඹිලා **කායස්ස භේදා පරම්මරණා** කය බිඳී මරණින් මතු **අපායං දුග්ගතිං විනිපාතං නිරයං උප්පජ්ජන්ති** කෙලින්ම නිරයේ ගිහින් උපදිනවා. **සෝ තත්ථ දුක්ඛා තිබ්බා කටුකා වේදනා වේදියන්ති** ඔවුන් එහි දුක් වූ තියුණු වූ කටුක වූ වේදනා විඳිනවා.

එතකොට තමයි ඒගොල්ලන්ට සිහිය උපදින්නේ. සිහිය ඉපදිලා වැලපෙන්ට පටන් ගන්නවා 'අනේ! ඒ භවත් ශ්‍රමණ බ්‍රාහ්මණයන් මේ අනාගත බිය දැකලයි කාමයන් අත්හරින්න කියලා කිව්වේ. කාමයන්ගේ යථාර්ථය අවබෝධ කරගන්න කියලා කිව්වේ. කාමයන් හේතු කරගෙන ම, කාමයන් මුල් කරගෙන ම, අපට මේ විදිහට භයානක දුක් වේදනා විඳින්න සිද්ධ වුණා නේ...' කියලා.

සල් ගහේ එතුනු මාලුවා වැල....

ඒක මේ වගේ දෙයක් කියනවා. ඒ කාලේ තිබිලා තිබෙනවා මාලුවා කියලා වැල් ජාතියක්. ඒ වැල් ලොකු ගස්වල එතිලා සම්පූර්ණයෙන් ම ඒ ගහ පුරා පැතිරෙනවා. ඊටපස්සේ ඒ ගහේ අතු පළාගෙන, කඳ පළාගෙන මුල් යටට බැහැලා ඒ ගහ විනාශ කරලා දානවා. ඒක තමයි මාළුවා වැලෙන් කරන්නේ. දවසක් මාලුවා කරලක් පුපුරලා එක මාලුවා ඇටයක් එක්තරා සල් ගහක් මුලට වැටුනා. වැටුනම සල්මුලට අධිගෘහිත දේවතාවා භයට

පත්වුනා. කලබල වුනා. එතකොට ඒ දේවතාවා ඤාති දෙවිවරුන්ට, හිතවත් දෙවිවරුන්ට අඬගහලා කිව්වා 'අනේ! හරි භයානක දෙයක් මේ වුනේ. අර මාළුවා වැලේ ඇටයක් මේ ගහ මුලට වැටුනා' කියනවා.

එතකොට අනිත් දෙවිවරු ඔහුව අස්වසන්ට පටන් ගත්තා. 'අයියෝ! ඕකට කලබල වෙන්න එපා. ඕක මොකෙක්හරි සතෙක් කාවි. එක්කෝ මොණරෙක් ගිලීවි. එක්කෝ ඕක පිච්චිලා යාවි. එක්කෝ මේ වනාන්තරය බලාගන්න අය ඕක උදුරලා දමාවි. එක්කෝ ඕක පැළවෙන එකක් නෑ. ඕක එච්චර හිතන්න එපා' කියලා. හැබැයි ඒක මොණරෙක් ගිල්ලෙත් නෑ. මුවෙක් කෑවෙත් නෑ. පිච්චිලා ගියෙත් නෑ. කැලෑව බලාගන්න එක්කෙනෙක් ඉදිරුවෙත් නෑ. ඒ බීජය නොපැළවී තිබුනෙත් නෑ. හිමින් හිමින් පැළවෙලා, ලොකුවෙලා ලොකුවෙලා ගිහිල්ලා, සම්පූර්ණයෙන් ම අර ගහ වෙලාගෙන වැඩුනා. දැන් ලස්සනට ගහේ එතිලා තියෙනවා මේ තරුණ මාලුවා වැල.

ළපටි මාලුවා වැලේ පහස....

එතකොට ඒ සල් ගහට අධිගෘහිත දේවතාවාට මේ විදිහට හිතුනා. 'අනේ මේ මගේ ඤාති දෙවිවරු, හිතවත් දෙවිවරු රැස්වෙලා, මේ මාළුවා ඇටේ නිසා ඇති වන කවර ආකාරයේ අනාගත භයක් දැකලද මාව මේ විදිහට අස්වැසුවේ? 'දෙවිඳ, භය වෙන්න එපා! ඔය මාළුවා ඇටේ මොණරෙක් හරි ගිල දමාවි. මුවෙක් හරි කාලා දමාවි. ගින්නකට හරි පිච්චිලා යාවි. කැලේ වැඩ කරන අය හරි උදුරල දමාවි. එක්කො වේයො හරි කාල දමාවි. එක්කො පැල වෙන එකක් නෑ' කියලා. **සුබෝ ඉමිස්සා**

මාලුවාලතාය තරුණාය මුදුකාය ලෝමසාය විලම්බිනියා සම්ඵස්සෝ මේ සල්ගහ වෙලාගෙන උඩට නැගිලා, අතු දිගේ පහළට එල්ලෙන, ළපටි මෘදු ලොම් ඇති මේ මාළුවා වැලේ පහස කොයිතරම් අගේද!' කියලා.

අන්තිමට මොකද වුනේ, ඒ මාළුවා වැල සල් ගහ ඔතාගත්තා. සල්ගහ වෙළාගෙන උඩට නැග්ගා. අතුපතර දිගේ ගිහින් ආයෙ යටට බැස්සා. යටට බැහැල සල් ගහේ ලොකු ලොකු අතු පුපුරුවා හැරියා. අන්තිමට සල් ගහ විනාශ වෙලා ඒ දේවතාවාට ඉන්න තැනක් නැතිවුනා. එතකොට තමයි ඒ දේවතාවාට සිහිය උපන්නේ. ආන්න ඒ වගේ කියනවා මේකත්. මේ ශ්‍රමණබ්‍රාහ්මණවරු කාමයන් අතහැරපන්... කාමයන් බියජනකයි... කාමයන්ගෙන් බොහෝ දුක් උපදිනවා... කාමයන්ගෙන් බොහෝ අනතුරු උපදිනවා... කියලා පෙන්නද්දී පෙන්නද්දී ඒක සලකන්නේ නෑ. සලකන්නේ නැතුව කාමයන්ගෙන් ලැබෙන සැපයක් ඇත්තේය, කාමයන්ගේ සැපයක් ඇත්තේය කිය කියා ඒ පස්සේ ම දුවනවා. අන්තිමේදී ඒ කාමය නිසාම මරණින් මත්තේ නිරයේ උපදිනවා.

දෙලොව ම දුක් ලබාදෙන තපස් ක්‍රම....

තව කොටසක් ඉන්නවා වර්තමානයේත් දුකසේ වාසය කරනවා. අනාගතයේත් දුක් විපාක ලබනවා. කොහොමද ඒ? ඒ කාලේ ඉන්දියාවේ තිබුනා එක එක තපස් ක්‍රම. දැන් අපි ගත්තොත් අත්තකිලමතානුයෝගය කියලා අපි කියන්නේ. ඒ කාලේ විතරක් නෙමෙයි මේ කාලෙත් ඒ වගේ තපස් ක්‍රම තියෙනවා. කටුසයන මත වාසය කරනවා, නොකා නොබී ඉන්නවා, තනි කකුලෙන් හිටගෙන ඉන්නවා, නාන්නේ නැතුව ඉන්නවා. නොයෙක්

ආකාරයෙන් දුක් විඳ විඳ ඉන්නවා. මේ දේශනාවේ විස්තර කරනවා ඒ වගේ තපස් ක්‍රම හැම එකක් ම වගේ. ඔය විදිහට නොයෙක් ආකාරයෙන් ශරීරය බලවත්ව තැලෙන, පොඩි වෙන, දැවෙන, තැවෙන විදිහට තපස් රැකලා කය බිඳිල මළාට පස්සේ අපාය, දුගතිය, විනිපාත කියන නිරයේ උපදිනවා. ඒකට තමයි කියන්නෙ මෙලොවත් දුක් විඳින, පරලොවත් දුක් විපාක ලැබෙන දේවල් සමාදන් වෙනවා කියලා.

දුකසේ නමුත් බඹසර රැක්කොත්....!

ඊළඟට බුදුරජාණන් වහන්සේ විස්තර කරනවා මෙලොව දුකසේ වාසය කරලා, මරණින් මත්තේ සැප විපාක ලබන වැඩපිළිවෙළ මොකක්ද කියලා. **ඉධ භික්ඛවේ ඒකච්චෝ පකතියා තිබ්බරාගජාතිකෝ හෝති.** ඇතැම් කෙනෙක් ඉන්නවා ප්‍රකෘතියෙන් ම බලවත් රාගයෙන් යුක්තයි. **සෝ අභික්ඛණං රාගජං දුක්ඛං දෝමනස්සං පටිසංවේදේති.** අභික්ඛණං කියන්නේ නිතර. නිතර රාගයෙන් හටගන්න දුක් දොම්නස් විඳිනවා. **පකතියා තිබ්බදෝසජාතිකෝ හෝති.** ප්‍රකෘතියෙන් ම කේන්ති යන එක්කෙනෙක්. **සෝ අභික්ඛණං දෝසජං දුක්ඛං දෝමනස්සං පටිසංවේදේති.** නිතර ම ද්වේෂය නිසා හැදෙන දුක් දොම්නස් විඳිනවා. ප්‍රකෘතියෙන් ම මුළාවෙන ස්වභාවයෙන් යුක්තයි. නිතර මුළාව නිසා ඇතිවෙන දුක් දොම්නස් විඳිනවා.

සෝ සහාපි දුක්ඛේන එයා ඉතා දුකසේ **සහාපි දෝමනස්සේන** මානසික පීඩාවෙන් යුක්තව **අස්සමුඛෝ රුදමානෝ** අඬ අඬා, කඳුලු වගුරුවමින් **පරිපුණ්ණං පරිසුද්ධං බ්‍රහ්මචරියං චරති.** පිරිපුන් පිරිසිදු බ්‍රහ්මචරියාවේ

හැසිරෙනවා. **සෝ කායස්ස භේදා පරම්මරණා සුගතිං සග්ගං ලෝකං උප්පජ්ජති.** එයා මරණින් මත්තේ දෙවියන් අතර උපදිනවා. **ඉදං වුච්චති භික්ඛවේ ධම්මසමාදානං පච්චුප්පන්නදුක්ඛං ආයතිං සුඛවිපාකං.** මේකට තමයි මෙලොව දුක් විඳින නමුත් පරලොව සැප විපාක ලැබෙන දේවල් සමාදන් වෙනවා කියල කියන්නේ.

ප්‍රකෘතියෙන් ම කෙලෙස් අඩු අය....

තව එක්කෙනෙක් ඉන්නවා, **පකතියා න තිබ්බරාග ජාතිකෝ හෝති.** ප්‍රකෘතියෙන් ම රාග පිස්සුව නෑ. **සෝ න අභික්ඛණං රාගජං දුක්ඛං දෝමනස්සං පටිසංවේදේති.** නිතර රාගයෙන් හටගත් දුක් දොම්නස් විඳින්නේ නෑ. **පකතියා න තිබ්බදෝසජාතිකෝ හෝති.** ප්‍රකෘතියෙන්ම එයා කේන්ති නොයන කෙනෙක්. **සෝ න අභික්ඛණං දෝසජං දුක්ඛං දෝමනස්සං පටිසංවේදේති.** ඒ නිසා එයාට තරහෙන් හටගන්න දුක් පීඩා නිතර නෑ. **පකතියා න තිබ්බමෝහජාතිකෝ හෝති.** ප්‍රකෘතියෙන්ම මුලාවෙන ස්වභාවයෙන් යුක්ත කෙනෙක් නෙවෙයි. නිතර මුළාව නිසා ඇතිවෙන දුක් දොම්නස් විඳින්නේ නෑ.

ඒ නිසා එයාට පහසුවෙන් ම අවස්ථාව ලැබෙනවා චිත්ත සමාධියක් ඇතිකරගන්න. **සෝ විවිච්චේහි කාමේහි** ඔහු කාමයන්ගෙන් වෙන්ව, **විවිච්ච අකුසලේහි ධම්මේහි** අකුසල් ධර්මයන්ගෙන් වෙන්ව, විතර්ක සහිත, විචාර සහිත, විවේකයෙන් හටගත් ප්‍රීති සුඛය ඇති පළමුවෙනි ධ්‍යානය උපදවාගෙන වාසය කරනවා. ඊළඟට විතක්ක විචාර සංසිඳුවා, ආධ්‍යාත්මයෙහි ප්‍රසාදයෙන් යුක්තව, ඒ කියන්නේ තමන්ගේ හිතේ පැහැදීම ඇතිව, සිතේ එකඟබව ඇතිව, විතර්ක විචාර රහිත වූ, සමාධියෙන්

හටගත් ප්‍රීති සුඛය ඇති දෙවන ධ්‍යානය උපදවාගෙන වාසය කරනවා. ඊළඟට තුන්වන ධ්‍යානයත් උපදවාගෙන වාසය කරනවා. හතරවන ධ්‍යානයත් උපදවාගෙන වාසය කරනවා. **සෝ කායස්ස භේදා පරම්මරණා සුගතිං සග්ගං ලෝකං උප්පජ්ජති.** එයත් කය බිඳී මරණින් මතු දෙවියන් අතර උපදිනවා. මේකට තමයි කියන්නේ වර්තමානයේත් සැප තියෙන, අනාගතයේත් සැප විපාක ලැබෙන වැඩපිළිවෙළ කියලා.

අසිරිමත් සම්බුදු නුවණ....

දැන් අපි ගමු පළවෙනි ධර්ම සමාදානය. වර්තමානයේත් දුකසේ වාසය කරනවා. අනාගතයේත් එයාට වාසය කරන්න වෙන්නේ දුක් විපාක වලට මුහුන දිදී. ඒක හරියට ජීවත් වෙන්න කැමති, මැරෙන්න අකමැති, සැපයට කැමති, දුකට අකමැති මනුස්සයෙක් වස දාපු තිත්ත ලබු බීමක් බොනවා වගේ. කෙනෙක් එයාට කියනවා උඹ මේක බිව්වොත් උඹට මේ වගේ විපතක් වෙනවා කියලා. කියද්දි කියද්දිත් එයා ඒක නොසලකා බොනවා. මේ චූළ ධම්මසමාදාන සූත්‍රයේ ඒ වැඩපිළිවෙළ ගැන විස්තර වෙන්නේ කොහොමද? සමහරු මේ ජීවිතයේදී නොයෙක් තපස් ක්‍රම කරමින් ශරීරයට දුක් දෙමින් වාසය කරනවා. මැරුණට පස්සේ නිරයේ උපදිනවා.

දෙවෙනි එක්කෙනා මොන වගේද? වස මිශ්‍ර කරපු ප්‍රණීත සරුවත් බීමක් බොන කෙනා වගේ කිව්වා. සුවඳින් හොයන්නත් බෑ වස කියලා. රසයෙන් හොයන්නත් බෑ වස කියලා. පෙනුමෙන් හොයන්නත් බෑ වස කියලා. හැබැයි නුවණැත්තෙක් කියනවා මෙයාට 'උඹ මේක

බිව්වොත් උඹ විශාල අමාරුවක වැටෙනවා' කියලා. කියද්දී කියද්දී එයා ඒක ගණන් නොගෙන බොනවා.

අනතුර ගණන් නොගැනීම....

ඊළඟට මේ දේශනාවේ ඒකට තියෙන උපමාව මොකක්ද? මාලුවා ඇටයක් සල්ගහක් මුලට වැටෙනකොට ඒ ගහට අධිගෘහිත දෙවියා භය වුනා. එතකොට අනිත් වටේ හිටපු දෙවිවරු කිව්වා 'භය වෙන්න එපා. ඕක සතෙක් කාලා යයි. එක්කෝ ඕක පිච්චෙයි. එක්කෝ පැලේ කවුරුහරි ගලවලා දායි. එක්කෝ ඕක පැළවෙන එකක් නෑ' කියලා. හැබැයි එහෙම වුනේ නෑ. සල් ගහ වෙලාගෙන මාලුවා වැල හැදුනා. එතකොට ඒ දෙවියා ඒ තරුණ මාලුවා වැලේ පහසට වසඟ වුනා. අනතුර අමතක වුනා. එහෙනම් ඉස්සෙල්ලාම ඇතිවෙන අර්බුදය මොකක්ද? අනතුර ගණන් නොගැනීම. ගිහි පැවිදි කතාවක් නෑ මේකට.

ඊටපස්සේ මොකද වුනේ, ටික ටික ඒ වැල ගහ හිරකරගෙන එතිලා එතිලා, ගහ අඹරගෙන, ගහ පලාගෙන මුල් යටට බැස්සා. එතකොට ගහක් නෑ. ගහ විනාසයි. ආන්න ඒ වගේ කියනවා වර්තමානයේ සැපසේ වාසය කරලා, අනාගතයේ දුක් විපාක ලබන වැඩපිළිවෙළ. නිරයේ ගියාට පස්සේ ශෝක කර කර, අඬ අඬා මතක් කරනවා 'අනේ ශ්‍රමණබ්‍රාහ්මණයන් වහන්සේලා කාමයන් ප්‍රහාණය කරන්න කිව්වා. කාමයන් සේවනය කිරීමෙන් වළකින්න කිව්වා. අපි ඒ ප්‍රහාණය කරන්න කියපු එකේ සැප හෙව්වා. වළකින්න කියපු එකේ සැප හෙව්වා. ඒකේ දුක් විපාක දැන් අපි විඳිනවෝ...' කියලා වැලපි වැලපී ඉන්නවා.

මෙහෙමත් මිනිස්සු....

කී දෙනෙක් ඇත්ද නිරයේ ඒ විදිහට. ඇයි දැන් වර්තමාන ලෝකේ මිනිස්සු අතර පින් පව් කතාවක් ලොකුවට නෑනේ. හැම වෙලාවෙම කාගේ හරි දෙයක් කඩා වඩා ගෙන තමන්ගේ පැවත්ම ගෙනියන්න තමයි කල්පනා කරන්නේ. ඉස්සර අපි අහලා තියෙනවා මිරිස් කුඩුවලට ගඩොල් කුඩු දැම්මා කියනවා. ගම්මිරිස් ඇටවලට ගස්ලබු ඇට දැම්මා කියනවා. ඊළඟට මළකුණු වලට ගහන ෆෝමලින් මාළුවලට ගහලා දෙනවා කියනවා නරක් වෙන්නෙ නැති වෙන්න. අපිට හිතාගන්න බෑ මිනිස්සු එහෙම කරනවා කියලා. ඒ කියන්නේ කනබොන දේවල්වලට ඕන ජරාවක් මිශ්‍ර කරලා විකුණනවා.

ඒ කියන්නේ කරුණාව, මෛත්‍රිය, දයානුකම්පාව ආදී ගුණධර්ම ඔක්කෝම නැතිවේගෙන යනවා. තමන්ගේ පැවත්ම විතරයි බලන්නේ. තමන්ගේ ගෙදර කට්ටියත් එක්ක සැපසේ වාසය කිරීම විතරයි බලන්නේ. අනිත් අයට මොන හෙනේ ගැහුවත් කමක් නෑ. ඒ ඔක්කොම මරණින් මත්තේ නිරයේ. වෙන යන්න තැනක් නෑ. මේ විදිහට යන ලෝකෙක බුදුරජාණන් වහන්සේ මේ ධර්මය නොකියන්න සාමාන්‍ය මිනිස්සුන්ට මේ ගැන දැනගන්න වෙන ක්‍රමයක් නෑ.

ලෙඩේ සුව කරගැනීමට මුල්තැන....

ඊටපස්සේ මොකක්ද තුන්වෙනි උපමාව? පාණ්ඩු රෝගියෙක් ඉන්නවා. පාණ්ඩු රෝගියාට ගැලපෙන එකම බෙහෙතක් තියෙනවා. මොකක්ද ඒ බෙහෙත? ගව මුත්‍ර වලට නානා ඖෂධ දාලා හදාපු බෙහෙතක් තියෙනවා.

ඒක බලන්නත් අප්පිරියයි. සුවඳකුත් නෑ. රසකුත් නෑ. හැබැයි ඒක පානය කළොත් රෝගියා සුවපත් වෙනවා. එතකොට මෙයා කල්පනා කරනවා 'දැන් මගේ ප්‍රශ්නේ ලෙඩේ නොවැ. එහෙනම් රහ හොයන එක නෙවෙයි මට මේ වෙලාවේ තියෙන්නේ. මම මේ ලෙඩේ සනීප කරගන්න ඕන' කියලා. ලෙඩේ සනීප කරගන්න ඕන නිසා මේ කෙනා පාණ්ඩු රෝගයට තියෙන හොඳම ඖෂධය ටික ටික පානය කරනවා. පානය කරද්දී මෙයාට කිසි සතුටක් නෑ. කිසි ප්‍රීතියක් නෑ. අඬ අඬා 'අනේ..! මට බෑ මේක බොන්න...' කිය කිය තමයි බොන්නේ. හැබැයි ඒක බීපු ගමන් එයා සුවපත් වෙනවා. රෝගයෙන් මිදෙනවා.

ආන්න ඒ වගේ තමයි සමහර කෙනෙක් ඉන්නවා ප්‍රකෘතියෙන් ම තියුණු රාගයෙන් යුක්තයි. නිතර නිතර රාගයෙන් හටගන්න පීඩාවෙන් යුක්තයි. ප්‍රකෘතියෙන් ම තියුණු ද්වේශයෙන් යුක්තයි. නිතර නිතර ද්වේශයෙන් හටගන්න පීඩාවෙන් යුක්තයි. ප්‍රකෘතියෙන් ම තියුණු මෝඩකමෙන් යුක්තයි. නිතර නිතර මෝඩකමෙන් හටගන්න පීඩාවෙන් යුක්තයි. එයා මේ තුනෙන් ම දුක් විඳ විඳ, අඬ අඬා, පිරිසිදු බඹසර හැසිරෙනවා. මරණින් මත්තේ ඒකාන්තයෙන් ම එයා සුගතියේ උපදිනවා කියනවා.

පහසුවෙන් ම චිත්ත සමාධිය....

තව කෙනෙක් ඉන්නවා. එයාට ලේ අතීසාරය (ලෝහිත පක්ඛන්දිකා) රෝගය හැදිලා. එයා ගාවට ගේනවා චතුමධුර එකක්. ගෙනල්ලා කියනවා 'මේක චතුමධුර එකක්. බලන්න මේකේ සුවඳ, බලන්න මේකේ

ලස්සන පාට, ඒ වගේම මෙය රසවත්. ඔබ මෙය පානය කරද්දී ඔබ මේකේ සුවඳෙනුත් සතුටු වේවි, පාටෙනුත් සතුටු වේවි, රසයෙනුත් සතුටු වේවි. ඔබ මේක පානය කරලා ඉවර වුනාම ඔබේ ලෙඩේ සනීප වේවි' කියලා. එයා ඒ ප්‍රණීත ඖෂධය පානය කරලා සුවපත් වෙනවා. ඒ වගේ කියනවා මේ ජීවිතයේදීත් සැපසේ වාසය කරලා පරලොවදීත් සැප විපාක ලබන වැඩපිළිවෙළ.

ඒ කියන්නේ අධික රාගයෙන් පීඩා විඳින්නෙත් නැති, අධික ද්වේශයෙන් පීඩා විඳින්නෙත් නැති, අධික මෝහයෙන් පීඩා විඳින්නෙත් නැති කෙනෙක් ඉන්නවා. මෙයාට පුළුවන් වෙනවා පහසුවෙන් ම සිතේ සමාධියක් ඇති කරගන්න, පහසුවෙන් ම සිතේ දියුණුවක් ඇති කරගන්න. ධ්‍යානයක් උපදවපු ගමන් සැපයක් නැද්ද එයාට? එයා සැපසේ එයාගේ මාර්ගය දියුණු කර ගන්නවා. එක තැනක බුදුරජාණන් වහන්සේ පෙන්වා දෙනවා පංච නීවරණ ගැන සිදුරු සහිත ගොට්ට වගේ කියලා. අපි කියමු කිරිගොට්ටක් වගේ එකක් තියෙනවා සිදුරු තියෙන. ඕකට වතුර දැම්මොත් රැඳෙනවාද? නෑ. පංච නීවරණ අන්න ඒ සිදුරු සහිත ගොට්ට වගේ කියනවා. පංච නීවරණ තුළ කුසල් රැඳෙන්නේ නෑ කියනවා. කොච්චර ලස්සන උපමාවක්ද!

කුසල් රැඳෙන තැන....

දැන් ඔබ අවුරුදු ගාණක් තිස්සේ මෙහේ එනවා. බොහෝම වීරියෙන් නේද පොඩි ගුණධර්මයක් වුනත් රඳවාගන්න තියෙන්නේ? පංචනීවරණයන්ගෙන් බැහැර වෙච්ච තැන තමයි සමාධිය. අන්න එතන තමයි කුසල් රැ ඳෙන තැන. සමහර කෙනෙක් ඉන්න පුළුවන් ප්‍රකෘතියෙන්

ම කුසල් රඳවා ගන්න අසීරු. එයා අඬ අඬා හරි, දුකසේ හරි බඹසරට හානි කරගන්නේ නැතිව යන්න ඕනෙ. වත් පිළිවෙත් කර කර බේරි බේරී යන්න ඕනෙ. එහෙම නුවණක් යන්තම්වත් නැත්නම් මේකෙන් බේරෙන්න පුළුවන් කමක් නෑ. ඉතින් ඒ නිසා මේක අපි හොඳට පැහැදිලිව තේරුම් ගන්න ඕන. බුදුරජාණන් වහන්සේගේ ධර්මය නිකම්ම නිකම් අහලා අතඅරින එකක් නෙමෙයි. අපි එක එක්කෙනා තමන්ගේ සසර ගැන තේරුම් අරන් ඉන්න ඕන.

ඔබ දන්නවානේ අර සිවුරට ආසා කරපු භික්ෂුවක් කාවෙක් වෙච්ච කථාව. අක්කා සිවුර මහලා තමන්ගේ සහෝදර භික්ෂූන් වහන්සේට දුන්නා. ඒ භික්ෂූන් වහන්සේ සිවුර අතගාලා සතුටුවෙලා පහුවදාට පොරවන්න කියලා තිබ්බා. එදා රෑ හාට් ඇටෑක් එකක් හැදිලා අපවත් වුනා. ඒ වෙද්දී උන්වහන්සේට ඔය සිවුරේ කේස් එක ආවේ නැත්නම් උපදින්නේ කොහේද? තුසිත දිව්‍යලෝකේ. බුදුරජාණන් වහන්සේ වැඩසිටිද්දී තුසිත දිව්‍යලෝකේ යන විදිහට ප්‍රතිපදාවේ හිටපු කෙනෙක්. මොකක්ද වෙච්ච වැරද්ද එතනදී? සිවුර ප්‍රත්‍යවේක්ෂා කළේ නෑ. ජාතකට්ඨ කතාව කියවද්දී තමයි මට මේ හේතුව හම්බවුනේ.

සිව්පසය ප්‍රත්‍යවේක්ෂා නොකළොත්....

ඒකේ තියෙනවා ප්‍රත්‍යවේක්ෂා නොකොට සිව්පසය පරිභෝග කරන කෙනා මරණින් මත්තේ ප්‍රේත ලෝකයේ හරි තිරිසන් අපායේ හරි යනවා කියලා. ප්‍රත්‍යවේක්ෂා කිරීම බුදුරජාණන් වහන්සේ පනවලා තියෙන්නේ ඒකට නොඇලී සිටින්නයි. එතකොට බලන්න ඒ කුසල් බලය මැඩගෙන අතන හිත ඇළුනා. කාවෙක් වෙලා ඉපදුනා

දවස් හතක්. දවස් හතකට හරි වැරදුනානේ. ඊටපස්සේ දෙවියන් අතර උපන්නා මරණින් මතු. එබඳු කෙනෙකුට තුසිත දිව්‍යලෝකේ යන්න තියෙන එකත් වැළකිලා සිවුරේ කාවෙක් උනා නම්, දැන් ඔබ ගැන හිතන්න. ඔබ මරණින් මත්තේ තුසිතේ යන්න ලෑස්ති පිටද ඉන්නේ? එච්චර ගිහින්ද වැඩපිළිවෙල? නෑ නේද? මඬේ හිටවපු ඉනි වගේ නේද අපි වැඩිපුරදෙනා? පොඩ්ඩක් එහා මෙහා වෙනකොට එහෙට මෙහෙට වැනෙනවා නේද?

එහෙම වැනෙන සිතකින් වාසය කරලා, මනාකොට සිත පිහිටුවා ගන්න බැරි වුනොත් ගිහිල්ලා උපදින්නේ නැද්ද ළමයි ළඟ? ගේ වහලේ හූනෙකුගේ හූනු බිත්තරයක් අස්සට යන්න බැරිද? කැරපොතු බිත්තරයක් අස්සට යන්න බැරිද? ඒක සුළු දෙයක්. කැරකිලා අනිත් පැත්තට යනවා කියන එක සුළු දෙයක්. අමාරු දේ ඒක නෙවෙයි. කැරකිලා අනිත් පැත්තට යන ස්වභාවයෙන් යුතු එක හරි පැත්තට ගන්න එකයි. ඒක කරලා දෙන්නේ සේඛබලවලින්. බුදුරජාණන් වහන්සේ වදාළානේ සේඛබල පහ මනාකොට පිහිටපු කෙනාට අධිෂ්ඨානයක් තියෙනවා නම් මම දෙවියන් අතර උපදිනවා කියලා, ඒක ඉෂ්ට වෙනවා.

සේඛබල නැත්නම් බේරෙන්න බෑ....

ඒ සේඛබල පාවිච්චි කරගෙන තමයි එයා අකුසල් මැඬලන්නේ. මොනවද ඒ සේඛබල පහ? ශ්‍රද්ධා, සීල, ශ්‍රැත, ත්‍යාග, ප්‍රඥා. එහෙනම් ශ්‍රැතය තිබුණා නම් හරිනේ. එතකොට ශ්‍රැතවත් ආර්ය ශ්‍රාවකයෙක්නේ. ශ්‍රැතය තිබුණා නම් එයා සේවනය කළයුතු දේ සේවනය කරනවා. සේවනය නොකළ යුතු දේ අත්හරිනවා. භජනය කළයුතු

දේ භජනය කරනවා. භජනය නොකළයුතු දේ අත්හරිනවා. දැන් මේ අපි ඔක්කොම කලවම් කරගන්නේ මොකද? ශ්‍රැතය නැති නිසා නේද? ශ්‍රද්ධා, සීල, ශ්‍රැත, ත්‍යාග, ප්‍රඥා තිබුනා නම් හරි. සේඛබල පහ තියෙනවා නම් බේරෙනවා ම යි. සේඛබල පහ නැතිවෙච්ච ගමන් ගිහි වුනත් පැවිදි වුනත් බේරෙන්න නම් බෑ. සැඩ පහරට ගසාගෙන යනවා වගේ ආයෙ ආයෙමත් සසරට ම යනවා. කිරි ගොට්ටේ දමාපු වතුර වගේ රැඳෙන්නෙ නැතුව වැටෙනවා. සේඛබල පහ තිබුනොත් සිදුරු නැති කලේ වගේ. බිංදුව බිංදුව හරි වැටෙන ටික එකතු වෙනවා. ඒ නිසා අපටත් ඒ සේඛබල පහ දියුණු කරගන්න වාසනාව ලැබේවා!

සාදු! සාදු!! සාදු!!!

නමෝ තස්ස භගවතෝ අරහතෝ සම්මාසම්බුද්ධස්ස
ඒ භාග්‍යවත් අර්හත් සම්මා සම්බුදුරජාණන් වහන්සේට නමස්කාර වේවා!

02.
සවස් වරුවේ ධර්ම දේශනය

සැදැහැවත් පින්වත්නි,

අද උදේ වරුවේ අපි ඉගෙන ගත්තේ මහා ධම්මසමාදාන සූත්‍රය. ඒ සූත්‍ර දේශනාවෙන් හරිම පැහැදිලියි අපි අපට යහපත උදාවේවා කියලා යාතිකා කරකර සිටිය පමණින් අපිට ඒකෙන් පිළිසරණක් ලැබෙන්නේ නෑ. තමන් තමන්ට දුක උපද්දවන කටයුතුවල යෙදී සිටින තාක් දුක උපදින එක වළක්වන්ට බෑ කියන කාරණය. හවස් වරුවේ අපි ඉගෙන ගන්නේ වම්මික සූත්‍රය. වම්මික කියන්නේ තුඹස. තුඹසක් මුල් කරගෙන කරන ලද මනස්කාන්ත දේශනාවක්. මේක දෙවි කෙනෙකු ගෙන් ලැබුන උදව්වක්. ඒ දවස්වල බුදුරජාණන් වහන්සේ වැඩසිටියේ සැවැත් නුවර ජේතවනයේ. ඒ කාලේ කුමාර කස්සපයන් වහන්සේ (මේ වෙද්දි උන්වහන්සේ රහත්වෙලා නෑ) වැඩ සිටියේ අන්ධවනයේ. අන්ධවනය

කියන්නේ සැවැත් නුවර ජේතවනය පිටිපස්සේ ටිකක් ඈතින් තිබ්ච්ච වනාන්තරයක්.

ඒ වනාන්තරයට ඒ නම වැටුනේ කාශ්‍යප බුදුරජාණන් වහන්සේගේ කාලේ වෙච්ච එක්තරා සිද්ධියක් නිසයි. අපේ ගෞතම බුදුරජාණන් වහන්සේට කලින් බුදු වූ කාශ්‍යප බුදුරජාණන් වහන්සේගේ පරිනිර්වාණයෙන් පස්සේ උන්වහන්සේගේ ධාතූන් වහන්සේලා විසිරුනේ නෑ. අපේ ගෞතම බුදුරජාණන් වහන්සේගේ ශාරීරික ධාතූන් වහන්සේලා විසිරුනා. ඒ විසිරුනේ ඇයි? අපේ බුදුරජාණන් වහන්සේගේ ආයුෂ කෙටි නිසා. අපේ බුදුරජාණන් වහන්සේ ආයුෂ අවුරුදු අසූවෙන් පිරිනිවන් පෑවා. ඊටපස්සේ ධාතූන් වහන්සේලාට තමයි ජීවමාන බුදුරජාණන් වහන්සේ හැටියට සළකලා වන්දනාමාන කරලා මිනිස්සු පින් රැස්කරගන්නේ. ඒ අවස්ථාව බහුතර ජනයාට ලබාදීම පිණිසයි ඒ ධාතූන් වහන්සේලා විසිරෙන්න කියලා බුදුරජාණන් වහන්සේ අධිෂ්ඨාන කළේ.

යොදුනක් උස ස්ථූපයක්....

කාශ්‍යප බුදුරජාණන් වහන්සේගේ කාලයේ උන්වහන්සේ අවුරුදු විසිදාහක් වැඩසිටියා. ඒ කාලේ පින් තියෙන අය ඔක්කොම ඒ ධර්මය අවබෝධ කරගෙන සසර දුකින් නිදහස් වුනා. උන්වහන්සේ පිරිනිවන් පෑවාට පස්සේ ඒ ධාතු ශරීරය විසිරුනේ නෑ. ඒ ධාතු ශරීරය තැන්පත් කරලා රත්තරනින් ස්ථූපයක් හැදුවා යොදුනක් උසට. ඒ නිසා ඒකට කිව්වා යෝජනක ස්ථූපය කියලා. රනින් හැදුව නිසා කිව්වා ස්වර්ණ ස්ථූපය කියලා. ඒ කාලේ ඒ පළාතේ සෝරත කියලා උපාසක කෙනෙක් හිටියා.

ඒ උපාසක දඹදිව එක එක පළාත්වල ගිහිල්ලා මිනිස්සුන්ට කිව්වා "කාශ්‍යප නම් වූ අරහත් සම්මා සම්බුදුරජාණන් වහන්සේගේ ස්ථූපය හදලා පින් කරගන්න රත්තරන් දෙන්න කැමති අය දෙන්න" කියලා. එතකොට මිනිස්සු දීපු රත්තරන් ඔක්කොම එකතු කරගෙන කරත්තවල පටවගෙන එද්දී ඔය දැන් අන්ධවනය කියලා ව්‍යවහාර වෙන ප්‍රදේශයටත් ආවා. ඒ වනාන්තරේ පන්සීයක හොරු රංචුවක් වාසය කළා. ඒ සොරුන්ට ආරංචි වුනා අසවල් කෙනා කරත්තවල රත්තරන් පටවගෙන එනවා කියලා. සොරු මේ කරත්ත වට කළා. වට කරලා කිව්වා "දීපං ඔය රත්තරං සේරම..." කියලා.

දිට්ඨධම්ම වේදනීය කර්මය....

එතකොට උපාසක කිව්වා "දරුවෙනි, මං මේ රත්තරං ගෙනියන්නේ මට නෙමෙයි. මට අඳින්න තියෙන්නේ එක වස්ත්‍රයයි. මං ජීවත් වෙන්නේ පැළක. මේවා මට නෙමෙයි. මේ භාග්‍යවත් අරහත් කාශ්‍යප සම්මා සම්බුදුරජාණන් වහන්සේගේ ස්ථූපය බඳින රත්තරන්...." කිව්වා. "ඒකට කමක් නෑ. අපිට මේකෙන් ටිකක් දියං...." කිව්වා. "අනේ..! මේකෙන් නම් ටිකක්වත් දෙන්න බෑ. ළමයිනේ.... නුඹලා මේක අනුමෝදන් වෙයල්ලා. අපි මේ මිනිස්සුන්ගෙන් එකතු කරලා මේ රත්තරන් අරගෙන යන්නේ ඒ සෑය හදන්නයි" කිව්වා.

ඉතින් ඔය විදිහට කරුණු පැහැදිලි කළාම අන්තිමට හොරු ටික කල්පනා කළා 'හොඳයි... එහෙනම් අපි මෙයාව නිදහස් කරමු' කියලා. එතකොට තව හොරු ටිකක් "මේකාව නිදහස් කරන්න එපා. බැරිවෙලාවත් මේකාව නිදහස් කරලා නගරෙදි මේකා අපිව අඳුනා

ගත්තොත් ඔත්තු දේවී මේන්න මෙවුන් හොරු කියලා" කිව්වා. හොරු එකතුවෙලා ඒ උපාසකව මැරුවා. එවෙලෙම අර හොරු පන්සිය දෙනාගේ ම ඇස් අන්ධ වුනා. අන්ධ වුනාට පස්සේ යාගන්න බෑ. පන්සිය දෙනාම එහෙම්ම ම කැලේ නැවතුනා. එතනම නැවතිලා 'අනේ...! අපිට පිහිට වෙන්න...' කිය කිය උපකාර ඉල්ලුවා. ඉතින් අහල පහල මිනිස්සු කන්ට ටිකක් ගෙනියනවා. ඇඳුමක් කැඩුමක් ගෙනියනවා.

ඉතින් ඒ කාලේ මිනිස්සු අහනවා "කොහේද උඹලා යන්නේ..?" "අපි අන්ධවනේ යනවා" කියනවා. එතකොට අන්ධවනය කියලා නම හැදුනේ අර අන්ධ භාවයට පත් වෙච්ච හොරු වාසය කරපු වනාන්තරය නිසා. කාශ්‍යප බුදුරජාණන් වහන්සේගේ කාලේ භාවිතා වුන ඒ නම ම ගෞතම බුදුරජාණන් වහන්සේගේ කාලෙත් එතනට භාවිතා වුනා. ඔන්න ඔය වනාන්තරේ තමයි ඒ කාලේ මේ කුමාර කස්සපයන් වහන්සේ වැඩහිටියේ.

දහමට දිවි පුදා....

මේ කුමාර කස්සපයන් වහන්සේගේ ජීවිතයත් හරි අපූරු එකක්. කාශ්‍යප බුද්ධ කාලෙත් පැවිදි වෙලා හිටපු කෙනෙක් මේ. කාශ්‍යප බුද්ධකාලේ බොහෝම හිතමිත්‍ර සබ්‍රහ්මචාරීන් වහන්සේලා හත්නමක් හිටියා. මේ පිරිස කල්පනා කළා මේ ශාසනය ටිකෙන් ටික පිරිහීගෙන යනවා. ඒ නිසා අපි වීරිය ගන්න ඕන කියලා. එහෙනම් ආවට ගියාට හිටපු පිරිසක් නෙවෙයි මේ. හොඳට ධර්ම මාර්ගයේ පිහිටලා ඉන්න පින තියෙන පිරිසක්. ඊටපස්සේ හත්දෙනා ම ඉණිමගක් හදාගෙන කන්දකට නැගලා අපි මෙතනදි මාර්ගඵල ලබලා මිසක් මේ කන්දෙන් බහින්නේ

නෑ කියලා ඉණිමග පෙරලුවා.

එතකොට බලන්න අපි මේ ජීවිතයේදී ධර්මයේ හැසිරෙන අදහසින් හිටියොත් ඒක වරදින්නේ නෑ. ඒවා අහෝසි කර්ම වෙන්නේ නෑ. ඒවා ඒකාන්තයෙන්ම උපකාරී වෙනවා. ඉතින් ඒ භික්ෂූන් වහන්සේලා කඳු මුදුනේ සතිපට්ඨානේ වඩන්න පටන් ගත්තා. ටික දවසකින් වැඩිමහලු තෙරුන් වහන්සේ රහත්ඵලයට පත්වුනා. උන්වහන්සේ ඉර්ධියෙන් වැඩියා උතුරුකුරු දිවයිනට. වැඩලා දානේ අරගෙන ආකහෙන්ම වැඩියා එතනට. වැඩම කරලා කිව්වා 'දැන් ඔබ වහන්සේලා මේ පිණ්ඩපාතේ වළඳලා සුවසේ භාවනා කරගන්න' කියලා.

වීරිය අපතේ ගියේ නෑ....

එතකොට ඉතුරු ස්වාමීන් වහන්සේලා කිව්වා " නෑ... අපි කතිකා කරගත්තේ එහෙම නෙවෙයි. ආහාරපාන නොගෙන ධර්මාවබෝධය දක්වාම වීරිය වඩනවා කියලයි. ඒක අපි අතඅරින්නේ නෑ. අපි ඒ කතිකාවත කඩන්නේ නෑ" කිව්වා. උන්වහන්සේ වැඩියා. ආයෙ ටික දවසකින් තව නමක් අභිඤ්ඤා සහිතව අනාගාමී ඵලයට පත්වුනා. උන්වහන්සේ අපවත් වෙලා බඹලොව උපන්නා. අනිත් පස්නමට ම මාර්ගඵල ලබන්න බැරිවුනා. එච්චර වීරිය කරලත් මාර්ගඵල ලබන්න බැරිවුනා. හැබැයි ඒ වීරිය අපතේ ගියාද? අපතේ ගියේ නෑ. ඒ සියළු දෙනා උපන්නා දෙවියන් අතරේ. ගෞතම බුදුරජාණන් වහන්සේ පහළ වෙනකම් පහලට ආවේ නෑ.

උන්වහන්සේලා හිත අපහදවා ගත්තද 'අනේ අපි මෙච්චර වීරිය කළා. කිසි ප්‍රතිඵලයක් නෑනේ. මීට වඩා

හොඳයි මම ගිහි වෙලා පින් කරගන්නවා' කියලා? නෑ. හිත අපහදවා ගත්තේ නෑ. තමන් ඉස්සරහාම කෙනෙක් රහත් ඵලයට පත්වෙලා අහසින් ගියා. තමන් ඉස්සරහම තමන් සමඟ එකට හිටපු සබ්‍රහ්මචාරීන් වහන්සේ නමක් අනාගාමී වුනා. තමන්ට කිසිදෙයක් නෑ. ඒ ආත්මේ මාර්ගය වැඩුනේ නෑ. අපවත් වෙලා දෙවියන් අතරට ගියා. ඔන්න ගෞතම බුදුරජාණන් වහන්සේ ලෝකයේ පහළ වුනා. එතකොට මේගොල්ලොත් දිව්‍ය ලෝකෙන් චුතවෙලා මනුස්ස ලෝකෙට ආවා.

කවුද ඒ පින්වන්තයන්....

එයින් එක්කෙනෙක් තමයි බාහිය දාරුචීරිය. පිරිසත් එක්ක නැව් නැගලා වෙළඳාමේ ගියා. නැව කැඩුනා. මෙයා විතරයි බේරුනේ. සුප්පාරක කියන පටුනට පීනගෙන ආවා. ඇගේ නූල්පොටක් නෑ. දැන් කල්පනා කළා 'මං මෙහෙම නිකම් ම ගමට ගියොත් මිනිස්සු මාව හොරෙක් කියලා හිතන්ටත් බැරි නෑ' කියලා හිතලා මොකද කළේ, ගහක් යට දහරමණ්ඩිය ගොතාගෙන භාවනා කරන්න පටන් ගත්තා. නිර්වස්ත්‍රයෙන් ඉන්න නිසා ඇඳුමක් ඉල්ලගන්න යාගන්න විදිහක් නෑ. ගස්වල පතුරු එකතු කරලා ඒවා මූට්ටු කරලා පොරවගත්තා.

ඊටපස්සේ එහෙන් මෙහෙන් මිනිස්සුන්ට ආරංචි වුනා ගස්වල පතුරු මූට්ටු කරගෙන විස්මිත ඇඳුමක් පොරවාගත්තු තාපසින්නාන්සේ කෙනෙක් ඉන්නවා කියලා. මිනිස්සු ගියා බලන්න. මිනිස්සු කිව්වා 'ඔබ වහන්සේට අපි වස්ත්‍ර දෙන්නම්' කියලා. 'ම් හ්... එපා' කිව්වා. 'ඔබවහන්සේට ඉන්න කුටි සෙනසුන් හදලා දෙන්නම්' කිව්වා. ඒත් එපා කිව්වා. ඇයි කියලා ඇහුවා.

මට ඒවාට ආසාවක් නෑ කිව්වා. කාලයක් යනකොට මෙය මිනිස්සු අතර මහා ප්‍රසිද්ධියකට පත් වුනා.

ඉෂ්ඨදේවතා අනුග්‍රහය....

අර අනාගාමී වෙලා සුද්ධාවාසයේ ඉන්න බ්‍රහ්මරාජයා බැලුවා 'අපිත් එක්ක හිටපු අනිත් අය ඒ ආත්මේ මොකුත් කරගත්තේ නෑ. දැන් ඒගොල්ලෝ කොහේද?' කියලා. බැලුවම එක්කෙනෙක් ඉන්නවා රහත් නොවී රහත් වුනා කියලා හිතාගෙන. පෙනී හිටලා 'ඔබ රහත් නෑ, රහත් මඟ දන්නෙත් නෑ. රහතන් වහන්සේ අන්න ඉන්නවා. රහත් මඟ කියා දෙන්න පුළුවන් කෙනා අන්න ඉන්නවා. එතෙන්ට යන්න' කියලා බුදුරජාණන් වහන්සේ හමුවට එව්වා. ඒක කළේ කලින් බුද්ධ ශාසනයේ සබ්‍රහ්මචාරීන් වහන්සේ. අන්න ඉෂ්ඨදේවතා අනුග්‍රහය. එතකොට බාහිය දාරුචීරියන් වහන්සේට වැරදුනාද? නෑ.

තව එක්කෙනෙක් තමයි පුක්කුසාති. ගන්ධාර රටේ රජතුමා. ඒ රජ්ජුරුවන්ට සේවකයෝ තමයි ගිහිල්ලා කිව්වේ මෙහෙම බුදුකෙනෙක් පහළ වෙලා ඉන්නවා කියලා. සේවකයෝ ගියේ රජගහ නුවර ඉඳලා. ඒ නිසා රජ්ජුරුවොත් බුදුරජාණන් වහන්සේව හොයාගෙන රජගහනුවරටයි ගියේ. ඒ යනකොට බුදුරජාණන් වහන්සේ සැවැත් නුවර. උන්වහන්සේ රජගහ නුවරට ඉර්ධියෙන් වැඩියා. ධර්මය දේශනා කළා. අවබෝධ කළා.

ගිහි වෙසින් ම රහත් ඵලයට....

ඊළඟ එක්කෙනා සන්තති අමාත්‍යයා. උදේ ඇතා පිටින් යද්දී බුදුරජාණන් වහන්සේට ඔළුව පාත් කරලා

ආචාර කරලා බාගෙට හිනා වෙලා ගියා. එතකොට බුදුරජාණන් වහන්සේ වදාළා 'මෙයා අද හවස පිරිනිවන් පානවා' කියලා. ධර්මය විශ්වාස කරන්නෙ නැති හිස් පුද්ගලයෝ හිනා වුනා මේවා කොහේ වෙන්ටදෑ කියලා. ඒ වෙද්දී රජ්ජුරුවෝ එයාගේ රාජසේවයට උපහාර පිණිස සත්දවසකට සැප සම්පත් එක්ක නිළියකුත් දීලා තිබුනා. මේ නිළිය හත්වෙනි දවසේ සන්තති ඇමතිව වැඩිපුර සන්තෝස කරන්න ඕන කියලා හිතලා වැඩිපුර නැටුවා. නිළියට හාට්ඇටෑක් හැදුනා. නට නටා ඉන්දෙද්දී දඩස් ගාලා මැරිලා වැටුනා.

ඒ වෙද්දී සන්තති අමාත්‍යයා මේ නිළියට වසඟ වෙලා ඉවරයි. තමන් මෙතරම් ආසා කරපු නිළිය ඊළඟ මොහොතේ මැරිලා වැටෙන කොට මෙයාට මුළු ජීවිතේ ම එපා වුනා. මෙයාගේ සෝක හුල ගලවන්න කෙනෙක් හිටියේ නෑ. පපුවේ ඇනුණු ශෝක හුලින් පරිපීඩිතව හඬමින් වැලපෙමින් ඉන්දැද්දී මෙයාව එක්කන් ගියා බුදුරජාණන් වහන්සේ ළඟට. ගිහි ඇඳුම් පිටින් රහත් ඵලයට පත් වුනා. ඒ මොහොතෙ ම අහසට පැනනැගලා පෙළහර දක්වලා පිරිනිවන් පෑවා.

කුමාර කස්සප මාතා....

තව එක්කෙනෙක් තමයි කුමාර කස්සපයන් වහන්සේ. උන්වහන්සේගේ ජීවිත තොරතුරුත් හරි අපූරුයි. උන්වහන්සේගේ අම්මා හරී අහිංසක කෙනෙක්. හරි ශ්‍රද්ධාවන්ත කෙනෙක්. විවාහ වෙන්න කිසිම ආසාවක් තිබුනේ නෑ. නමුත් ගෙදරින් බලෙන් කසාද බන්දලා දුන්නා. හැබැයි ඒ ස්වාමිපුරුෂයත් හොඳ එක්කෙනෙක්. බිරිඳ දිහා අනුකම්පාවෙන් බැලුවා. එහෙම

අය අද හොයාගන්න නෑ. දවසක් නගරයේ උත්සවයකට යන්න ලෑස්ති වෙලා ඔයත් ලස්සනට ඇඳගන්න කිව්වා. අනේ මට ලස්සන ඇඳුම් ඕන නෑ. මට මෙහෙම හොඳයි කිව්වා. "අනිත් ඔක්කොම අය ලස්සනට ඇඳගෙන යනවා. ඔයා මොකද මේවට ආසා නැත්තේ?" "අනේ මේ හැම දෙයක් ම නැසී වැනසී යන දේවල් නේ." "ඇයි ඔයා ගිහි ජීවිතේට ආසා නැද්ද?" "අනේ මට ගිහි ජීවිතේට ඇල්මක් නෑ." "ඇයි එහෙනම් බැන්දේ?" "දෙමව්පියන්ට අවනත වුනා" කිව්වා.

එතකොට ස්වාමියාට හරි දුකක් හටගත්තා. එහෙනම් ඔයා කැමති පැවිදි ජීවිතයටද කියලා ඇහුවා. ඔව්... මම පැවිදි ජීවිතයටයි ආසා කිව්වා. එහෙනම් මං ඔයාව එක්කන් යන්නම් කිව්වා. හොයලා බැලුවට පස්සේ දේවදත්තගේ මෙහෙණි ආරාමයක් තියෙනවා. පෙරහැරෙන් එක්කන් ගිහින් බාරදුන්නා. පැවිදි වුනා. ඒ වෙද්දී කුසේ දරුවෙක්. නමුත් මෙයා දන්නේ නෑ. ටික ටික මව්කුස ඉදිරියට නෙරා ආවා. අනිත් භික්ෂුණීන් වහන්සේලා 'ඈ... උඹ කරගත්තද මොකවත්...?' කියලා ඇහුවා. අර භික්ෂුණිය දිව්රනවා දහඅතේ මගේ සීලය පිරිසිදුයි කියලා. දේවදත්තට ගිහින් කිව්වා. 'හාපෝ... මේකිව එලවපං...' කිව්වා. අඬ අඬා ගියා බුදුරජාණන් වහන්සේව හොයාගෙන.

විනය පරීක්ෂණ....

බුදුරජාණන් වහන්සේ නිග්‍රෝධමිග ජාතකයත් දේශනා කරලා මේ මව් කුසට වයසයි පැවිද්දට වයසයි සංසන්දනය කරලා බලන්න කියලා පරීක්ෂණයක් පවත්වන්න විශාඛාට භාරදුන්නා. විශාඛා පරීක්ෂා කරලා

බලලා විනයධර භික්ෂූන්ගෙන් අග්‍ර උපාලි මහරහතන් වහන්සේට කිව්වා "මේ භික්ෂුණියගේ පැවිදි ජීවිතයට කිසි කිළුටක් වෙලා නෑ. පැවිද්ද පිරිසිදුයි. පැවිද්දට ඉස්සෙල්ලයි දරු ගැබ පිහිටලා තියෙන්නේ" කියලා. ඊටපස්සේ බුදුරජාණන් වහන්සේ භික්ෂුණී ආරාමයට ගත්තා. භික්ෂුණී ආරාමයේ ම දරුවා උපන්නා.

කොසොල් රජ්ජුරුවෝ දවසක් පාරේ යද්දී සිඟිත්තෙක් අඬනවා ඇහෙනවා. මොකද කියලා ඇහුවා. විස්තරේ කිව්වා. "භික්ෂුණීන්ට කරදරයි සිඟිත්තෙක් බලාගන්න එක. මාලිගාවට එවන්න. දරුවා මම හදාග න්නම්" කිව්වා. මේ දරුවගේ නම කස්සප. රජ මාලිග ාවේ හැදුන නිසා කුමාර කස්සප වුනා. කොසොල් රජ්ජුරුවන්ට භාර දීපු දවසේ ඉඳලා ඒ භික්ෂුණියගේ තන් වලින් කිරි වැක්කෙරෙනවා. නවතින්නේ නෑ. දරුවා ගැන ම මෙනෙහි කර කර අඬනවා.

හිතක් පපුවක් නැති දරුවෙක්....

ටික ටික මේ දරුවා ලොකු වුනාට පස්සේ තමන්ගේ අම්මා භික්ෂුණියක් කියලා තේරුනා. මේ කුමාර කස්සපටත් මහණ වෙන්න ඕන වුනා. ඊට පස්සේ පැවිදි කළා. දැන් මේ අවුරුදු හතේ පුංචි දරුවා පැවිදි වෙලා පිණ්ඩපාතේ යනවා. මව් භික්ෂුණිය මේ දර්ශනය දැක්ක ගමන් දෙතනෙන් කිරි වැහෙන්න පටන්ගත්තා. පුතා ළඟට දුවගෙන ගියා. කුමාරකස්සපයන් වහන්සේ කල්පනා කළා 'මේක හරියන්නෙ නෑ. අම්මා ලොකු අමාරුවක වැටිලා ඉන්නේ' කියලා ළඟට එනකොට ම එලවගත්තා යනවා යන්න කියලා. 'තමන්ගේ විමුක්තිය බලාගන්න. මගේ එක මං බලාගන්නම්' කිව්වා. 'මේ දරුවට කිසි හිතක් පපුවක්

නෑ. ගලක් වගේ හිතක් තියෙන්නේ' කියලා එදා ඒ දරු බන්ධනය අතහැරියා. අතහැරලා සතිපට්ඨානය වැඩුවා. රහත් ඵලයට පත්වුනා.

රෑට දුම් දාන, දවල්ට ගිනි ගන්න තුඹස....

ඉතින් මේ කුමාර කස්සපයන් වහන්සේ දවසක් රාත්‍රියක අන්ධ වනයේ වැඩසිටිද්දී **අඤ්ඤතරා දේවතා** එක්තරා දෙවියෙක් **අභික්කන්තාය රත්තියා අභික්කන්තවණ්ණා කේවලකප්පං අන්ධවනං ඕභාසෙත්වා** මුළු අන්ධ වනය ම ඒකාලෝක කරගෙන කුමාර කස්සපයන් වහන්සේ ළඟට පැමිණියා. ඇවිල්ලා එකත්පසෙක සිටගෙන මෙහෙම කියනවා. "**භික්ඛු භික්ඛු...** භික්ෂුව භික්ෂුව... **අයං වම්මිකෝ** මේක තුඹසක්. (ඒ දෙවියා කුමාර කස්සපයන් වහන්සේගේ ශරීරය පෙන්නලා මේ කියන්නේ) **රත්තිං ධූපායති** රෑට දුම් දානවා. **දිවා පජ්ජලති** දවල්ට ගිනි ඇවිලෙනවා" කිව්වා.

දැන් එහෙනම් ඔයගොල්ලන්ගේ තුඹස්වලටත් මොකක්ද වෙන්නේ? රෑට දුම් දානවා. දහවලට ගිනි ඇවිලෙනවා. ඊටපස්සේ මේ දෙවියා කියනවා "**බ්‍රාහ්මණෝ ඒවමාහ** බ්‍රාහ්මණයා මෙහෙම කියනවා. **අභික්ඛණ සුමේධ සත්ථං ආදාය** නුවණැති තැනැත්ත, ආයුධයක් අරගෙන මේ තුඹස හාරපං කියනවා. (බලන්නකො ලස්සන. ඔන්න දෙවිවරු) **අභික්ඛණන්තෝ සුමේධෝ සත්ථං ආදාය** නුවණැත්තා ආයුධය අරන් හාරද්දී **අද්දස ලංගිං** දොරපොල්ලක් දැක්කා. එතකොට මේ නුවණැත්තා කියනවා අර බ්‍රාහ්මණයාට **ලංගී භදන්තේති** ස්වාමීනී, දොරපොල්ලක් තියෙනවා.

තුඹස ඇතුළේ ගෙම්බෙක්....

ලංගී කියන්නේ දොරපොල්ලට. ඉස්සර දොරවල්වලට ලොක් නෑ. දොර පියන් දෙක වහලා පිටිපස්සෙන් හරහට පොල්ලක් දානවා. එතකොට එළියෙන් දොර අරින්න බෑ. ඒක තමයි දොරපොල්ල. බ්‍රාහ්මණයා මෙහෙම කියනවා. **උක්ඛිප ලංගිං** ඔය දොරපොල්ල උස්සලා පැත්තකට දාපං. **අභික්ඛණ සුමේධ සත්ථං** ආදාය නුවණැත්ත, ඔය ආයුධය අරං තව හාරපං කියනවා. තව හාරගෙන යනකොට **අද්දස උද්ධුමායිකං** ගෙම්බෙක් දැක්කා. උද්ධුමායිකා කියලා කියන්නේ චූටි ගෙම්බෝ ජාතියක්. ඒ ගෙම්බෝ මුල් කාලේ එහේ මෙහේ කොළ අස්සේ හැංගිලා ඉන්නවා, හොයන්න බෑ. ටික ටික ටික උන් විශාල වෙනවා.

නුවණැත්තා කියනවා **උද්ධුමායිකා** **භදන්තේ** ස්වාමීනි, ගෙම්බෙක්. බ්‍රාහ්මණයා කියනවා **උක්ඛිප උද්ධුමායිකං** ඔය ගෙම්බවත් උස්සලා පැත්තකින් තියාපං. නුවණැත්ත, ඔය ආයුධයෙන් තව හාරපං." තව හාරනකොට අහුවෙනවා **අද්දස ද්විධාපථං** දෙමං සන්ධියක්. "ස්වාමීනි, දෙමං සන්ධියක් තියෙනවා නොවැ." එතකොට බ්‍රාහ්මණයා කියනවා "**උක්ඛිප ද්විධාපථං** ඔය දෙමං සන්ධියත් ඔසවලා පැත්තකින් තියාපං. ආයෙමත් ආයුධය අරන් හාරන්න පටන් ගනිං" කිව්වා. ආයුධයෙන් තව හාරගෙන යනකොට ඔන්න තියෙනවා දැක්කා ගොට්ටක්.

තුඹස අස්සේ තියෙන දේවල්....

"ස්වාමීනි, පෙරහනක් තියෙනවා නොවැ." "

ඔය පෙරහනත් ඔසවලා පැත්තකින් තියාපං. නුවණැති තැනැත්ත, ආයුධය ඇන්න තව හාරපං" කිව්වා. දැන් ඔන්න පෙරහන අයින් කරලා ආයෙමත් තුඹස හාරගෙන යනවා. හාරගෙන යනකොට **අභික්ඛණන්තෝ සුමේධෝ සත්ථං ආදාය අද්දස කුම්මං** ඉබ්බෙක් දැක්කා. "ස්වාමීනි, ඉබ්බෙක් ඉන්නවා." "එහෙනම් ඔය ඉබ්බවත් උස්සලා පැත්තකින් තියාපං. ආයෙත් ආයුධයෙන් හාරගෙන පලයං." ඊටපස්සේ ඉබ්බවත් ගොඩට අරගෙන පැත්තකින් තිබ්බා. ආයෙ හාරන්න පටන් ගත්තා. (තුඹස අස්සේ හරි දේවල් නොවැ තියෙන්නේ නේද?)

ආයෙ හාරගෙන යනකොට හම්බවෙනවා **අද්දස අසිසූනං** සූන කියලා කියන්නේ කොටය, එහෙම නැත්නම් ලොඹුව. අසි කියන්නේ මන්නය. අසිසූනං කියන්නේ මස්කපන කොටෙයි ලොකු මන්නෙයි. ඔබ දැකලා ඇති ඉස්සර මස් කඩවල ලොකු මහත දර කොටයක් තියෙනවා. ඒ කොටේ උඩ තියෙලා තමයි මස් කපන්නේ. මම දැකලා තියෙනවා පොඩි කාලේ. දැන් කොහොමද දන්නේ නෑ. නුවණැත්තා කියනවා "ස්වාමීනි, මස් ලොඹුවකුයි මන්නෙකුයි තියෙනවා." එතකොට බ්‍රාහ්මණයා කියනවා "ඔය මස් කපන කොටෙයි මන්නෙයි හුඹහින් ගොඩට ඇන්න පැත්තකින් තියහං. තවත් හාරගෙන පලයං" කිව්වා.

නාගයාට නමස්කාර කරන්න....

එහෙම හාරගෙන යනකොට ඊළඟට හම්බ වුනා **අද්දස මංසපේසිං** මස් කුට්ටියක්. "ස්වාමීනි, මස් කුට්ටියක් තියෙනවා." "ඔය මස් කුට්ටියත් උස්සලා පැත්තකින් තියාපං. නුවණැත්ත, තවදුරටත් ආයුධයෙන් හාරපං" කිව්වා. තව හාරගෙන යනකොට **අද්දස නාගං** නාගයෙක්

දැක්කා. "**නාගෝ භදන්තේ** ස්වාමීනි, නාගයෙක් ඉන්නවා නොවැ." එතකොට බ්‍රාහ්මණයා කියනවා "**තිට්ඨතු නාගෝ** නාගයා හිටපුවාවේ. **මා නාගං ඝට්ටේසි** නාගයාත් එක්ක හැප්පෙන්න යන්න එපා. **නමෝ කරෝහි නාගස්සාති** නාගයාට වන්දනා කොරපං" කිව්වා.

ඊටපස්සේ අර දේවතාවා කියනවා "භික්ෂුව, ඔබ මේ ප්‍රශ්න ටික භාග්‍යවතුන් වහන්සේ ළඟට ගිහින් අහන්ට ඕනෑ. භාග්‍යවතුන් වහන්සේ මේකට උත්තර දෙන්නේ යම් විදිහකින් ද, ඒ විදිහට හොඳට මතක තබා ගන්ට ඕනෑ. භික්ෂුව, මම නම් දකින්නේ නෑ මේ දෙවියන් සහිත, මරුන් සහිත, බඹුන් සහිත, ශ්‍රමණ බ්‍රාහ්මණයන් සහිත දෙව් මිනිස් ප්‍රජාවෙන් යුතු ලෝකයේ තථාගතයන් වහන්සේගෙන් හරි තථාගත ශ්‍රාවකයෙකුගෙන් හරි අහලා මිසක් ඔය ප්‍රශ්නවලට හිත සතුටු වන ආකාරයේ පිළිතුරු දෙන්න වෙන කෙනෙක් ඉන්නවා ය කියලා." මේ විදිහට කියලා ඒ දෙවියා නොපෙනී ගියා.

බුදු සමිඳුන් සොයා....

කුමාර කස්සපයන් වහන්සේට මේක අහපු ගමන් හොඳට මතක හිටියා. අද කාලේ දෙව් කෙනෙක් ඇවිල්ලා මේ වගේ ප්‍රහේලිකාවත් ඇහුවොත් සිහිසන් නැතුව වැටෙනවාද නැද්ද? මේක මොකක්ද කියලා ආත පාත හොයාගන්න පුළුවන් වෙයිද? බෑ. සිහිසන් නැතිව වැටෙනවා අද කාලේ වගේ නම්. තොවිල් කරයි. ඉතින් කුමාර කස්සපයන් වහන්සේ ඒ රාත්‍රිය ඇවෑමෙන් බුදුරජාණන් වහන්සේ සොයාගෙන සැවැත් නුවර ජේතවනයට වැඩියා. බුදුරජාණන් වහන්සේට වන්දනා කරලා එකත්පස්ව ඉඳගත්තා.

ඊටපස්සේ කියනවා "ස්වාමීනි, භාග්‍යවතුන් වහන්ස, ඊයේ රෑ මුළු අන්ධ වනය ම ඒකාලෝක කරගෙන දෙවියෙක් ආවා නොවැ. ඒ දෙවියා මේන්න මේ කතාව මට කිව්වා කියලා මේ කතන්දරේ ඒ විදිහට ම අකුරක් නෑර කිව්වා. දැන් බලන්න කොච්චර බුද්ධිමත්ද කියලා මේ කුමාර කස්සපයන් වහන්සේ මේක තෝරගත්තු හැටි. උන්වහන්සේ අහනවා "ස්වාමීනි, මොකක්ද මේ තුඹස කියලා කිව්වේ? රෑට දුම් දානවා කිව්වේ මොකක්ද? දවල්ට ඇවිලෙනවා කිව්වේ මොකක්ද? බ්‍රාහ්මණයා තමයි ඉදිරිපත් වෙලා කියන්නේ මේක හාරන්ට කියලා. ඒ බ්‍රාහ්මණයා කව්ද? ස්වාමීනි, ඒ බ්‍රාහ්මණයා ඔහුට ආමන්ත්‍රණය කරන්නේ නුවණැත්ත කියලයි. නුවණැත්තා කියන්නේ කාටද? ස්වාමීනි, ආයුධයක් අරගෙනයි හාරන්ට කියන්නේ. ඒ ආයුධය කියන්නේ මොකක්ද? හාරනවා කියන්නේ මොකක්ද?

ප්‍රශ්න පහළොවයි....

ඊට පස්සේ අහනවා "ස්වාමීනි ඒ හාරද්දී, ඉස්සෙල්ලා ම හම්බවෙන්නේ දොරපොල්ලක්. දොරපොල්ල කියන්නේ මොකක්ද? ඊටපස්සේ හම්බ වෙනවා ගෙඹි පැටියෙක්. ස්වාමීනි, ගෙඹි පැටියා කියන්නේ මොකක්ද? ඊටපස්සේ තවත් හාරගෙන යද්දී දෙමං සන්ධියක් හම්බවෙනවා. දෙමං සන්ධිය කියන්නේ මොකක්ද? ඊටපස්සේ හම්බවෙනවා පෙරහන් ගොට්ටක්. මේ පෙරහන් ගොට්ට කියන්නේ මොකක්ද? ස්වාමීනි, ඒ නුවණැත්තා තවදුරටත් හාරගෙන යනකොට හම්බවෙනවා ඉබ්බෙක්. ඉබ්බා කියන්නේ මොකක්ද? ඊළඟට හම්බවෙනවා මස්ලොඹුවයි මන්නෙයි. මස්ලොඹුවයි මන්නෙයි කියන්නේ මොකක්ද?

තවත් හාරගෙන යනකොට මස් කුට්ටියක් හම්බවෙනවා. මොකක්ද මේ මස් කුට්ටිය? අන්තිමට ම ස්වාමීනි, නාගයෙක් හම්බවෙනවා. ඒ නාගයා කව්ද?" ප්‍රශ්න කීයක් ද එතන? පහළොවක්.

අපි හදාගත්තා නම් ප්‍රශ්න පහළොවක් නෑ. දැක්කද අපේ මොළේ කොච්චර පුංචි ද... අපේ මොළේට පුළුවන් ඔය බත් පොඩ්ඩක් හදාගන්න, මැල්ලුමක් මලෝගන්න, පපඩමක් බැදගන්න, රොටියක් පුච්චගන්න. ඔය වගේ ටිකක් කරයි. ඊටපස්සේ හොඳට රස කර කර ලුණු ඇඹුල් දදා කේළම් කියයි. හොඳට රස කර කර අනුන්ට ගිනි ගෙඩි දෙයි. හොඳට රස කර කර ඇදකුද කියයි. වෙනවාද නැද්ද ඕවා? ආන්න අපේ මොළේ. මේ මොළේ බලන්න. ලස්සනට ප්‍රශ්න ටික තෝරපු හැටි එකක් නෑර.

අපූරු පැන විසඳුම....

ඔන්න දැන් බුදුරජාණන් වහන්සේ මේ කාරණය ගැන විස්තර කරනවා. "**වම්මිකෝති බෝ භික්ඛු ඉමස්සේතං චාතුම්මහාභූතිකස්ස කායස්ස අධිවචනං** භික්ෂුව, තුඹස කියන්නේ සතර මහාභූතයන්ගෙන් හට ගත්තු මේ ශරීරයට නමකි. **මාතාපෙත්තිකසම්භවස්ස** මව්පියන්ගෙන් සම්භවය වූ, **ඕදනකුම්මාසූපචයස්ස** බත් මාළුපිණිවලින් වැඩෙන, **අනිච්චුච්ඡාදන පරිමද්දන භේදනවිද්ධංසනධම්මස්ස.** ඇඟ ඉලීම් පිරිමැදීම් සාත්තු සප්පායම් කිරීම් ආදී වශයෙන් පවත්වන, බිඳී යන ස්වභාවයෙන් යුතු මේ කයටයි තුඹස කියලා කියන්නේ.

මේ තුඹසේ සත්තුන්ට රිංගන්ට පුළුවන් තුඹස් කටවල් නැද්ද? තියෙනවා. මොනවද ඒ? ඇස, කන,

නාසය, දිව, කය, මනස. මේ තුඹස් කටවල්වලට මුරකාරයෙක් නැත්නම් තෝර බේරගන්න බැරි හැම සතෙක් ම රිංගලා තුඹස ඇතුලේ අර්බුද හදන්නේ නැද්ද? විශාල අර්බුද හදනවා. එතකොට බුදුරජාණන් වහන්සේ මේ දේශනාවේදි පෙන්වා දෙනවා පඨවි, ආපෝ, තේජෝ, වායෝ කියන සතරමහා ධාතුන්ගෙන් නිපන් ශරීරයට කියන නමක් තමයි තුඹස. මව්පියන් ගෙන් උපන්න තුඹස, බත් මාළුපිණ්ඩ වලින් යැපෙන තුඹස, ඉලීම් පිරිමැදීම්, සාත්තු සප්පායම් කිරීම්, පත්තු බැඳීම්, සේලයින් දීම් ආදී වශයෙන් අනිත්‍ය වෙනකොට, කැඩෙන බිඳෙනකොට පිළියම් කරන තුඹස. තුඹසට පෙම් බැඳ ලබන්ට දෙයක් තියෙනවාද? නෑ. මේක තුඹසක් හැටියට බලන්න කියනවා. මෙතනින් තමයි සම්පූර්ණයෙන් ම කුමාර කස්සප මහරහතන් වහන්සේගේ විදර්ශනා ප්‍රඥාව වැඩෙන්න පටන් ගත්තේ.

රෑ තිස්සේ දුම් දැමීම....

ඊළඟට විස්තර කරනවා රෑට දුම් දැමීම කියන්නේ මොකක්ද කියලා. "භික්ෂුව, රෑ තිස්සේ හිත හිතා ඉන්නවා කල්පනා කර කර ඉන්නවා දවල් කාලේ කරන්න ඕන දේවල් ගැන. ඒකට තමයි රෑ තිස්සේ දුම් දානවා කියලා කියන්නේ." හෙට මට අරක කරන්න තියෙනවා. මේක කරන්න තියෙනවා. අරහේ යන්න තියෙනවා. මෙහේ යන්න තියෙනවා. අරවා හෝදන්න තියෙනවා. මේවා හෝදන්න තියෙනවා. අතන්ට යන්න තියෙනවා. අරකිට දෙකක් කියන්න යන්න තියෙනවා. අරකට මෙහෙම කියන්න යන්න තියෙනවා. අර පවුල කඩන්න යන්න තියෙනවා. මේ වගේ ඒවා කල්පනා කොර කොරා ඉන්නවා. මොකක්ද

මේ තුඹසට වෙන්නේ? තුඹස දුම් දානවා.

"**යං බෝ භික්ඛු රත්තිං අනුවිතක්කෙත්වා අනුවිචාරෙත්වා** රෑ තිස්සේ මේවා කල්පනා කොර කොරා ඉඳලා **දිවා කම්මන්තේ පයෝජේති** ඇහැරුනාට පස්සේ උදෑහැනැක්කේ සිට අර රාත්‍රිය පුරා කල්පනා කොර කොරා දුම් දමාපුවා ගිනි තියනවා. කොහොමද ඒ ගින්න අවුලුවන්නේ? **කායේන වාචාය මනසා** කයෙන් වචනයෙන් මනසින් අවුලුවනවා. පුදුම ලස්සන කතාවක් නේද? මේක වෙන්නේ නැද්ද? හැමෝටම වෙනවා. සමහරු රෑ තිස්සේ කල්පනා කර කර ඉන්නවා, උදේ වෙනකම් නින්දක් නෑ. දුම් දදා ඉන්නවා උදේ වෙනකම්. උදේ ඇහැරෙන්නේ ම ගිනි තියාගෙන. බැණගෙන ඇහැරෙන්නේ. වෙනවාද නැද්ද මේවා? වෙනවා. ඇයි රෑ තිස්සේ දුම් දමලා දුම් දමලා හොඳට රත්වෙලා. උදේට ගිනි තියාගෙන ඇවිලෙනවා.

පිටින් ශාන්තයි, ඇතුළේ ඇවිලෙනවා....

දැන් අපි එක එක්කෙනාගේ ජීවිතවල මේ තුඹස නමැති ජීවිතේ අතීතය ගැන කල්පනා කරලා බලන්න. කී වතාවක් මේක දුම් දදා ඇවිලි ඇවිලි තිබුණද කියලා. අද අපි මේ ශාන්ත දාන්ත තීන්ත කූඩු වගේ හිටියට කොච්චර නම් දුම් දම දමා, ඇවිලි ඇවිලි තිබුණාද කියලා පෝඩ්ඩක් මෙනෙහි කරලා බලන්න. දැන් මේ පිටට ශාන්තව ඉන්නවා වගේ පෙනුනට ඇතුලේ දුම් දාන්නේ නැද්ද? ඇතුලේ ඇවිලෙන්නේ නැද්ද?

ඊටපස්සේ බුදුරජාණන් වහන්සේ තෝරලා දෙනවා "**බ්‍රාහ්මණෝති බෝ භික්ඛු** භික්ෂුව බ්‍රාහ්මණයා කියන්නේ

තථාගතස්සේතං අධිවචනං අරහතෝ සම්මාසම්බුද්ධස්ස තථාගත වූ අරහත් වූ සම්මා සම්බුදුරජාණන් වහන්සේට නමකි. එතකොට බුදුරජාණන් වහන්සේ තමන් වහන්සේව හඳුන්වන්නේ හැමතිස්සේ ම මොකෙන්ද? තථාගත කියන නමින්. තථාගත කියලා කියන්නේ බුදුකෙනෙකුට ම පමණක් භාවිත කරන නමක්. ශ්‍රාවකයෙකුටවත් පාවිච්චි කරන්නේ නෑ.

සේඛ යනු කවුරුන් ද...?

"**සුමේධෝති බෝ භික්ඛු සේඛස්සේතං භික්ඛුනෝ අධිවචනං** භික්ෂුව, සුමේධ (නුවණැත්තා) කියන්නේ සේඛ භික්ෂුවට කියන නමක්. සේඛ භික්ෂුව කිව්වේ පෘථග්ජන කෙනෙක් නෙවෙයි. මාර්ගඵල ලාභීන්ට තමයි සේඛ කියන වචනය පාවිච්චි කරන්නේ. සේඛ කියන්නේ හික්මෙනවා. හික්මෙමින් සිටින, මාර්ගයෙහි ගමන් කරමින් සිටින, ප්‍රතිපදාවේ යෙදෙමින් සිටින භික්ෂුව. සෝවාන් මාර්ගයත් සේඛ. සෝවාන් ඵලයත් සේඛ. සකදාගාමී මාර්ගයත් සේඛ. සකදාගාමී ඵලයත් සේඛ. අනාගාමි මාර්ගයත් සේඛ. අනාගාමී ඵලයත් සේඛ. අරහත් මාර්ගයත් සේඛ. අරහත් ඵලය **අසේඛ**. අසේඛ කියන්නේ හික්මිලා සම්පූර්ණයි.

එතකොට මෙතන සුමේධ කියලා කියන්නේ රහතන් වහන්සේ නෙවෙයි. අවශේෂ මගඵලලාභී සේඛ භික්ෂූන්ටයි. "**සත්ථන්ති බෝ භික්ඛු අරියායේතං පඤ්ඤාය අධිවචනං** භික්ෂුව, ආයුධය යනු ආර්ය වූ ප්‍රඥාවට නමකි. බ්‍රාහ්මණයා කියනවා 'නුවණැත්ත, ආයුධය අතට අරගෙන හාරපන් ඔය තුඹස' කියලා. එතකොට ඒක කරන්න පුළුවන් නුවණැත්තාට විතරයි. නුවණැත්තා කවුද? සේඛ ශ්‍රාවකයා. ඒ සේඛ ශ්‍රාවකයාට

විතරයි හරි විදිහට ආයුධය ගන්න පුළුවන් අතට. අනිත් අයට ඒ හැකියාව නෑ. මොකක්ද ඒ ආයුධය? ආර්ය වූ ප්‍රඥාව. විදර්ශනාව. විදර්ශනාවෙන් මේ ජීවිතය නමැති තුඹස හාරපං කිව්වා. හොඳට නුවණින් විමස විමසා බලාපං කිව්වා.

පටන් ගත්තු වීරිය....

"**අභික්ඛණන්ති ඛෝ භික්ඛු විරියාරම්භස්සේතං අධිවචනං** හාරනවා කියන්නේ පටන් ගත්තු වීරියට කියන නමක්." පටන්ගත් වීරිය කියන්නේ නූපන් කුසල් උපදවා ගන්ට තියෙන වීරිය, උපන් කුසල් වැඩිදියුණු කරගන්න තියෙන වීරිය, උපන් අකුසල් ප්‍රහාණය කරන්න තියෙන වීරිය, නූපන් අකුසල් නූපදවන්න තියෙන වීරිය. ඒ වීරිය තියෙන්නේ කුමක් මතද? ප්‍රඥාව මතයි. ඇයි ආයුධයෙන් නේ හාරන්නේ. එහෙමනම් කෙනෙක් විදර්ශනා ප්‍රඥාවේ යෙදෙනවා, නුවණින් මෙනෙහි කරනවා, යෝනිසෝ මනසිකාරයේ යෙදෙනවා කියන්නේ වීරිය පවත්වනවා කියන එකයි. වීරිය පටන් ගන්නවා කියන එකයි. වීරියෙන් යුක්ත වෙනවා කියන එකයි. කෙනෙක් එයින් බැහැර වෙලා, ඒ මොකවත් නැතිව ඉන්නවා නම් තුඹස ඔහේ තියෙනවා ඇවිලි ඇවිලි.

තුඹස හාරගෙන යනකොට ඉස්සෙල්ලා ම මොකක්ද හම්බ වෙන්නේ? දොරපොල්ලක්. ඒ කියන්නේ දොර විවෘත නෑ. දොර පොල්ලෙන් දොර වහලා තියෙන්නේ. එකේ තේරුම තමයි මේකේ තියෙනවා "**ලංගීති ඛෝ භික්ඛු අවිජ්ජායේතං අධිවචනං** භික්ෂුව, දොරපොල්ල කියන්නේ අවිද්‍යාවට කියන නමක්." දොරපොල්ල අයින් කරපං කියන්නේ **පජහ අවිජ්ජං** අවිද්‍යාව අත් ඇරපං කියන

එකයි. **අභික්ඛණ සුමේධ සත්ථං ආදායාති අයමේතස්ස අත්ථෝ** නුවණැත්ත, ආයුධය අරගෙන මේක හාරපං කියන එකේ අර්ථය ඕකයි කියනවා.

ලෝකයේ ලොකුම අන්ධකාරය....

අවිද්‍යාව කියන්නේ මොකක්ද? **දුක්ඛං න ජානාති** දුක්ඛ ආර්ය සත්‍යය දන්නේ නෑ. **දුක්ඛ සමුදයං න ජානාති** මොනවද දුකට හේතු වෙලා තියෙන්නේ කියලා දන්නේ නෑ. ඒ කියන්නේ තමන්ට දුක් උපදින්නේ අසවල් කාරණා නිසාය කියලා තෝරගන්න දන්නේ නෑ. ඊළඟට **දුක්ඛ නිරෝධං න ජානාති** මේ මේ කාරණා නැත්නම් දුක නැනේ කියලා දුක්ඛ නිරෝධය ගැන දන්නෙ නෑ. **දුක්ඛ නිරෝගාමිනි පටිපදං න ජානාති** දුක්ඛ නිරෝධගාමිනී ප්‍රතිපදාව මේකයිනේ කියලා ආර්ය අෂ්ඨාංගික මාර්ගය ගැන දන්නේ නෑ. ඒක තමයි අවිද්‍යාව. ලෝකේ ලොකුම අන්ධකාරය අවිද්‍යාව. බුදුරජාණන් වහන්සේ වදාළානේ අවිද්‍යාවට සමාන අන්ධකාරයක් ලෝකේ වෙන නෑ කියලා.

ඊළඟට බුදුරජාණන් වහන්සේ වදාළා "**උද්ධුමායිකාති බෝ භික්ඛු කෝධූපායාසස්සේතං අධිවචනං** භික්ෂුව, ගෙඹි පැටියා කියන්නේ බලවත් ක්‍රෝධයට කියන නමක්." අන්න ගෙඹි පැටියා. රොඩුබොඩු ගොඩේ හැංගිලා තමයි ඒකා හැදෙන්නේ. එකපාරට අඳුනගන්න බෑ. ඒකේ තේරුම මොකක්ද? ක්‍රෝධය හිතට පිවිසෙනවා, එකපාරට අඳුන ගන්න බෑ. වෛරය පිවිසෙනවා අඳුනගන්න බෑ. ඇයි චූටි ගෙඹි පැටියෙක් වගේ ඉන්නේ. පනිනවා එහාට මෙහාට අල්ලන්න හදනකොට. ටික ටික තමයි ඒ ගෙඹි පැටියා විශාල වෙන්නේ. මේකේ කියනවා **උක්ඛිප උද්ධුමායිකං** ගෙම්බව අයින් කරන්න. ඒකේ තේරුම තමයි ක්‍රෝධ

උපායාසය අත්හරින්න කියන එක. ක්‍රෝධය හිතේ ඇතිවුනාට පස්සේ හූල්ල හූල්ල, දත්කූරු සප සප, හිතේ පැහැව පැහැව ඉන්නවනේ. ඒකට තමයි ක්‍රෝධ උපායාස කියන්නේ. ආන්න ඒ හිතේ පැහැවන ක්‍රෝධය අතහරින්න කියනවා. ඒක බදාගෙන ඉන්න එපා කියනවා.

දෙමං සන්ධිය යනු....

එතකොට මේ ඔක්කොම කොහේද තියෙන්නේ? ශරීරය නම් වූ තුඹසේ. මේ තුඹස භාරගෙන යනකොට නුවණැත්තාට ඊළඟට මොකක්ද හම්බ වුනේ? දෙමං සන්ධියක්. "**ද්විධාපථෝති බෝ භික්ඛු විචිකිච්ඡායේතං අධිවචනං** භික්ෂුව, දෙමං සන්ධිය කියන්නේ සැකයට කියන නමක්." දිගටම මේ මාර්ගයේ යද්දී මොකුත් ප්‍රතිඵලයක් පේන්ට නැත්නම් කෙනෙක් හිතන්න පුළුවන් මේ ක්‍රමය හරියන්නේ නෑ. වෙනත් මොකක්හරි ක්‍රමයක් ඇති කියලා. දූන් බලන්න හිතලා එදා අර කන්ද මුදුනට ගිහිල්ලා වීරිය වඩපු භික්ෂූන් වහන්සේලා අනිත් අය මාර්ගඵල ලබලා අහසින් යද්දී තමන්ගේ වැඩපිළිවෙල ගැන සැක නොකොට මැරෙනකම් ඒ කෙරෙහි විශ්වාසයෙන් හිටියනේ. අද ඒ හයිය නෑ මිනිස්සුන්ට.

අපි බුද්ධදේශනාවල් කොච්චර පැහැදිලිව කියලා දුන්නත් තව කෙනෙක් තමන්ගේ මතයක් ආටෝප සාටෝප කරලා ලස්සනට කිව්වොත් ඒකයි මේකයි මිශ්‍ර කරගන්නවා. කළවං කරගන්නවා. බුද්ධ දේශනාවෙන් ම කරුණු ගන්න දක්ෂ නෑ. මං මෙහෙම දූක්කා, මෙහෙම දූක්කා කිව්වාම අහුවෙනවානේ. ඒ නිසා අද කාලේ ඒ හැකියාව නැතෙයි කිව්වට කමක් නෑ. එච්චරට ම මනුස්සයාගේ මොළේ පුංචියි.

සැකය අත්හරින්න....

අපි හිතමු ඔන්න දැන් අපි ඉස්සරහින් දෙමං සන්ධියක් තියෙන බව නොදන්න පාරක යනවා. යනකොටම දකුණටයි වමටයි පාරවල් දෙකක් තියෙනවා. එතකොට අපි යාගන්න බැරුව එතන නවතින්නේ නැද්ද? නවතිනවා. ඇයි හේතුව කොයි පාරෙන් ද යන්න ඕනෙ කියලා අපිට හිතාගන්න බෑනේ. මේකේ දෙමං සන්ධිය උදුරලා පැත්තකට දාපං කියන ඒකේ තේරුම මොකක්ද? සැකය අතඇරපං කියන එක. මේක අපිට හරී වටිනා උපදේශයක්.

මං මුල්ම කාලේ කරපු එකක් තමයි සැකය අතහැරපු එක. මම ධර්මය හොයාගෙන යන මුල් කාලේ මට එක එක්කෙනා එක එක දේවල් කිව්වා. සමහරු ඔය ත්‍රිපිටකය අල්ලං ඕක කරන්න බෑ කිව්වා. එක තැනකට ගියාට පස්සේ මට කිව්වා 'ඔබවහන්සේව අපි රහත් කරවලා දෙන්නම්. හැබැයි අතුත් බැඳලා, කකුලුත් බැඳලා, කටත් බැඳලා, ඇසුත් බැඳලා තියන්න ඕනෙ' කිව්වා. ඉතින් මම කල්පනා කළා 'මේක හරි වැඩක් නේ. අතපය හතර බැඳලා ඇසුත් බැඳලා කටත් බැඳලා ඉන්න එක මාර්ගය ප්‍රතිපදාවට අයිති දෙයක් නෙමෙයි නේ. මෙතන හරියන්නෙ නෑ' කියලා මම එදායින් පස්සේ එතනට ගියේ නෑ. ඒ දවස්වල එතන ගොඩාක් අය පැවිදි වෙලා හිටියා. නිකමට ටෙස්ට් කරලවත් බලන්න ගියා නම් ඉවරයි. මම ගියේ නැත්තේ මොකද? මම භාග්‍යවතුන් වහන්සේගේ ධර්මය ගැන සැක නැතුව හිටියා. මම විශ්වාස කළා බුද්ධ වචනය හරි කියලා.

ශාස්තෘ සරණ අභිමියි....

එක එක්කෙනා තමන්ගේ මත කියන්නේ බුද්ධ

වචනයට එනවට කැමති නැති නිසයි. අපි බුද්ධ වචනය ඉස්මතු කරලා කතා කරද්දි 'ඕක කරලා හරියන්නේ නෑ. තමන්ම පුරුදු කරලා තමන්ම වටහාගෙන කියන්න' කියනවා. අපි එක එක්කෙනා තමන් ම වටහාගෙන එක එක ඒවා කිව්වොත් එතකොට අපි සරණ යන්නේ මොකක්ද? අපි එක එක්කෙනා කියන කතන්දර ටිකද? දැක්කද වෙන දේ? එතකොට සරණ යන්න ශාස්තෘන් වහන්සේ නමක් නැතුව යනවනේ. ඊටපස්සේ අපිට සරණ යන්න වෙන්නේ 'අසවලා රහත් වෙලා ඇති. අසවලා අනාගාමී වෙලා ඇති. අසවලා සකදාගාමී වෙලා ඇති. අසවලා සෝවාන් වෙලා ඇති. අසවලා මාර්ගය දන්නවා ඇති' කියලයි.

එහෙම වුනා ම බුදුකෙනෙක් ඕන වෙන්නේ නෑ. බුදුකෙනෙකුගේ ධර්මයක් ඕන වෙන්නෙත් නෑ. ඊට පස්සේ කවුරුහරි කිව්වොත් 'මේ කාලේ මේ ධර්මයෙන් වලක් නෑ. මට විශේෂ වරප්‍රසාදයක් ලැබුනා බ්‍රහ්මලෝකෙන්. මගේ ළඟට එන්න. මම මේ ධර්ම මාර්ගය පැහැදිලි කරලා දෙන්නම්' කියලා තිසරණයේ මනාකොට නොපිහිටපු එක්කෙනා රැවටෙන්නේ නැද්ද? ආන්න ඒකයි කියන්නේ අද කාලේ මනුස්සයන්ට චූටි මොළයක් තියෙන්නේ කියලා. ඒ මොළේ ලොකුවට පාවිච්චි කරන්න හැකියාවක් නෑ. ඉක්මණින් සැකය උපදිනවා.

ලෝකයේ හොඳම ගුරුවරයා....

තමන්ගේ සැකය දුරු නොකර ගන්නකම් ප්‍රඥාවට ඉඩක් නෑ. සැකයත් එක්ක නුවණින් මෙනෙහි කරගන්න හැකියාවක් නෑ. කල්පනා කරගන්න බෑ. මම ඔය ධර්ම මාර්ගයේ යන කාලේ හරීයට මේවාට මූණ දිදී යන්න සිද්ධ

වුනා. පස්සේ මම කල්පනා කළා 'මේකේ කිසි තේරුමක් නෑ. එක එක තැන්වල ඇවිදිල්ලේ තේරුමක් නෑ. මං මේ බුදුරජාණන් වහන්සේ වදාල බුද්ධ දේශනාවේ ම එල්ලිලා ඉන්නවා' කියලා. මට මතකයි එක දවසක් හාමුදුරු කෙනෙක් ආවා. ඒ හාමුදුරුවන්ගේ රට ඔස්ට්‍රියාවේ. තායිලන්තයේ මහණ වෙලා ලංකාවට ඇවිල්ලා හැම තැනම කැලෑවල්වල ඇවිදිනවා.

ඇවිද ඇවිද ඉඳලා ඒ හාමුදුරුවෝ දවසක් ඇවිල්ලා මට කිව්වා 'ඤාණානන්ද... මට ඕනකම තියෙනවා ලෝකේ හොඳම ගුරුවරයා හොයාගන්න. දන්නවාද එහෙම හෝඩුවාවක්..?' කියලා ඇහුවා. මම කිව්වා මම හෝඩුවාවක් නම් දන්නවා කියලා. මාව එක්කන් යන්න බැරිද කියලා ඇහුවා. මම කිව්වා පුළුවන් කියලා. කවද්ද කියලා ඇහුවා. මම කිව්වා දැන් එක්කන් යන්නම් කියලා අතින් අල්ලගෙන එක්කන් ගියා ත්‍රිපිටකය ගාවට. මේන්න ලෝකයේ හොඳම ගුරුවරයා කිව්වා. තේරුණේ නෑ. සිවුරු ඇරලා ගියා.

රාජ ආඥාව කියවන්නා....

මේකට ලස්සන කතාවක් මට හම්බවුනා ධර්මප්‍රදීපිකාවේ. ධර්මප්‍රදීපිකාව කියන ග්‍රන්ථ රත්නය දොළොස්වන සියවසේ ගුරුළුගෝමී කියන උපාසක පඬිතුමා විසින් ලියාපු එකක්. ධර්මප්‍රදීපිකාව කියන්නේ මහාබෝධිවංශයට ලියපු පරිකථාවක්. මහාබෝධිවංශයේ වචන අරගෙන ඒකේ ඒවා ලස්සනට විස්තර කරනවා. ඒකේ **සෝතාපත්තිඵලං පාපෙත්වා** කියලා පාළි වචනයක් ගුරුළුගෝමී උපාසකතුමා තෝරනවා. ඒ කියන්නේ 'සෝවාන් ඵලයට පමුණුවා' කියන එක. ඒකෙන්

කියවෙන්නේ බුදුරජාණන් වහන්සේ ගේ ශ්‍රාවකයෙකු ගෙන් ධර්මය අහලා කෙනෙක් සෝවාන් වුනත් බුදුරජාණන් වහන්සේ ම ඒ අයව සෝවාන් ඵලයට පත් කර වදාළ බව.

ඒක තේරුම් ගන්න ලස්සන උපමාවක් කියනවා. රජෙකුගේ ආඥාවක් ලී පතුරක ලියාගෙන ගම්මානෙකට මනුස්සයෙක් එනවා. ගමේ මිනිස්සු ටික ඔක්කොම රැස් කරනවා. රැස්කරන්නේ මොකක් අස්සවන්ටද? රාජ ආඥාව අස්සවන්නයි. මිනිස්සුන්ගෙන් අහනවා අකුරු කියවන්න දන්න අය අත උස්සාපං කියලා. එක්කෙනයි දන්නේ. අනිත් කවුරුවත් දන්නේ නෑ. දැන් එතකොට රාජ ආඥාව කියවන්න වෙන්නේ කාටද? අකුරු කියවන්න දන්න එක්කෙනාට. ඒ අකුරු කියවන්න දන්න එක්කෙනා රාජ ආඥාව දිහා බලාගෙන කියවනවා. දැන් එතකොට මිනිස්සු අහන්නේ ඒ මිනිහගේ ආඥාව ද, රජ්ජුරුවන්ගේ ආඥාව ද? රජ්ජුරුවන්ගේ ආඥාව යි.

කියවූ ආකාරය නම් හරි අගේ ය....

අර මනුස්සයා කියවන්නේ මොකක්ද? රජ්ජුරුවන්ගේ ආඥාව. රජ්ජුරුවන්ගේ ආඥාව කියෙව්වහම ඒ කියවපු එක්කෙනාටත් ප්‍රශංසාවක් ලැබෙනවා. මොකක්ද ඒ ප්‍රශංසාව? 'හරි අගේට කියෙව්වා නොවැ' කියලා. ඔච්චරයි. රාජ ආඥාව ඒ මිනිහට අයිති නෑ. ආඥාව අයිති කාටද? රජ්ජුරුවන්ටයි. ගුරුළුගෝමි පඬිතුමා ඒක තෝරන හැටි හරිම ලස්සනයි. අන්න ඒ වගේ කියනවා ධර්මය දේශනා කිරීම. අකුරු දන්න කෙනෙක් රජෙකුගේ ආඥාව කියවනවා වගේ වැඩක් කියනවා. 'සාරිපුත්ත මහරහතන් වහන්සේගේ පටන් යම්තාක් ධර්ම දේශකයෝ වෙත්ද, ඒ සියළු දෙනා ධර්මරාජයන්

වහන්සේගේ ආඥාව කියන අයයි.' බලන්න කොච්චර හරිද කියලා.

ඊටපස්සේ කියනවා 'යමෙක් සෝතාපන්න වුනොත් සෝතාපන්න කරන්නේ එයා නෙමෙයි ධර්මය යි. ධර්මය කවුරුන් සතුද? ඒකේ තියෙනවා '**ධර්ම දේශනා වූ කලැ බුදුන් ගැත්තෙ යැ** ධර්මය බුදුරජාණන් වහන්සේගේ ය. ධර්මය බුදුරජාණන් වහන්සේගේත් ගුරුවරයාය. ගුරු තනතුරේ තබාගත්තු දෙයකි. ධර්මය දේශනා කරන්නෝ කියවන සේ යහපතැයි ප්‍රශංසා මාත්‍රයක් ම ලබති.' එහෙමයි ඒකේ තියෙන්නේ. මට පුදුම හිතුනා මේ විස්තරය කියවලා. එතකොට ධර්මය දේශනා කරන එක්කෙනා තමන්ගේ ආඥාවක් කියන්න ගියොත් බුද්ධ ශාසනය එතන නැත්තේය. මිනිස්සුන්ට මේක තෝරගන්න බෑ. මිනිස්සු හොයන්නේ පුද්ගලයෙකුගේ ආඥාවක්. ධර්මරාජයන් වහන්සේගේ ආඥාව නෙවෙයි. ධර්මරාජයන් වහන්සේගේ ආඥාව තවමත් සජීවී එකක්. අන්න ඒකයි මහමෙව්නාවේ වෙනස. මෙතන අපි ඉස්මතු කරන්ට හදන්නේ අපේ ආඥාව නෙවෙයි, ධර්මරාජයන් වහන්සේගේ ආඥාව.

නිවන්මග ආවරණය කරන නීවරණ....

ඊටපස්සේ නුවණැත්තා දෙමං සන්ධිය නමැති සැකයත් අත්හැරලා තවදුරටත් තුඹස හාරගෙන යද්දි ඊළඟට හම්බ වුනේ මොකක්ද? පෙරහන් ගොට්ටක්. " **චංගවාරන්ති බෝ භික්ඛු පඤ්චන්නේතං නීවරණානං අධිවචනං.** භික්ෂුව, පෙරහන් ගොට්ට යනු නීවරණ පහට කියන නමකි. මොනවද ඒ නීවරණ පහ? කාමච්ඡන්ද, ව්‍යාපාද, ථීනමිද්ධ, උද්ධච්ච කුක්කුච්ච, විචිකිච්ඡා.

කාමච්ඡන්ද කිව්වේ ඇහෙන් දකපු රූප ප්‍රියමනාප රූප, කනෙන් අහපු ප්‍රියමනාප ශබ්ද, නාසයට දැනුන ප්‍රිය මනාප ගඳ සුවඳ, දිවට දැනුන ප්‍රියමනාප රස, කයට දැනුන ප්‍රියමනාප පහස කියන මේවා ගැන ම හිත හිතා ඉන්නවා. මේවා ගැන හිත හිතා ඉන්න එක විතරයි සාමාන්‍ය මනුස්සයාට තියෙන්නේ. ඔතනින් එහාට යන්න නම් ධර්මයක් අල්ලන්න ම ඕන.

ඊළඟට ව්‍යාපාද නීවරණය. තමන් ගැටිච්ච දේ ගැන ම හිත හිතා ඉන්නවා. එහෙම නැත්නම් නින්දට වැටෙනවා. ථීනමිද්ධ නීවරණය. එහෙම නැත්නම් උද්ධච්ච කුක්කුච්ච නීවරණය. සිතේ විසිරීමත් පසු තැවීමත්. පසු තැවි තැවී ඉන්නකොට හිත විසිරෙනවා. විචිකිච්ඡා නීවරණය. සැකයෙන් ඉන්නවා. මේවා මොකක් වගේද? පෙරහන් ගොට්ට වගේ කියනවා. කොච්චර වතුර දැම්මත් පෙරහන් ගොට්ටේ වතුර රඳින්නේ නෑ. පංච නීවරණ තියෙනකම් හිතේ කුසල් රඳින්නේ නෑ. නීවරණයන්ගෙන් බැහැර වෙලා කුසලයේ පිහිටපු සිත සිදුරු නැති, පිපිරුම් නැති බඳුනක් වගේ. ඒකට කුසලය එකතු වෙනවා. ඒ නිසා හුඹහේ තියෙන පෙරහන් ගොට්ටත් අයින් කරන්න කිව්වා. බලන්න කොච්චර ලස්සනද කියලා.

පඤ්ච උපාදානස්කන්ධ....

ඊළඟට ආයේ හාරගෙන යනකොට විශාල ඉබ්බෙක් හම්බවුනා. ඉබ්බට කකුල් හතරකුයි ඔළුවකුයි තියෙනවා. එක්කෝ ඌ මේ පහ ම එළියට දාගෙන ඉන්නවා. එහෙම නැත්නම් පහ ම අකුලගෙන ඉන්නවා. "**කුම්මෝති බෝ භික්ඛු පඤ්චන්නේතං උපාදානක්ඛන්ධානං අධිවචනං** භික්ෂුව, ඉබ්බා කියන්නේ පංච උපාදානස්කන්ධයට

කියන නමක්. මොනවද ඒ උපාදානස්කන්ධ පහ? රූප උපාදානස්කන්ධය, වේදනා උපාදානස්කන්ධය, සඤ්ඤා උපාදානස්කන්ධය, සංස්කාර උපාදානස්කන්ධය, විඤ්ඤාණ උපාදානස්කන්ධය.

රූප උපාදානස්කන්ධය කියන්නේ මොකක්ද? සතර මහාධාතූන්ගෙන් හටගත්තු යම්කිසි දේකට ඡන්දරාගයෙන් යුක්ත බැඳීමක් ඇද්ද, ඒක රූප උපාදානස්කන්ධය යි. ස්පර්ශය ප්‍රත්‍යයෙන් හටගන්න විඳීමකට ඡන්දරාගයෙන් යුක්ත බැඳීමක් ඇද්ද, ඒක වේදනා උපාදානස්කන්ධය යි. ස්පර්ශයෙන් හටගත්තු සඤ්ඤාවකට ආශාවෙන් යුක්ත බැඳීමක් ඇද්ද, ඒක සඤ්ඤා උපාදානස්කන්ධය යි. ස්පර්ශයෙන් හටගත්තු චේතනාවකට ආශාවෙන් යුක්ත වූ බැඳීමක් ඇද්ද, ඒක සංස්කාර උපාදානස්කන්ධය යි. නාමරූපයෙන් හටගත්තු විඤ්ඤාණයකට ආශාවෙන් යුක්ත වූ බැඳීමක් ඇද්ද, ඒක විඤ්ඤාණ උපාදානස්කන්ධය යි.

මස් ලොඹුවයි මන්නෙයි....

මේ පඤ්ච උපාදානස්කන්ධය නමැති ඉබ්බව හුඹහෙන් එළියට දාන්න කිව්වා. හුඹහෙන් දූන් මේ වෙද්දී මොන මොනවා එළියට දාලද? අර නුවණැත්තා තුඹස හාර හාර තුඹස අස්සේ තියෙන දේවල් එකින් එක එළියට දානවා. ඉස්සෙල්ලා ම දොරපොල්ල අයින් කළා. ඊටපස්සේ ගෙම්බෙක් හම්බ වුනා. ඌවත් අයින් කළා. ඊටපස්සේ දෙමං සන්ධියක් හම්බවෙලා ඒකත් අයින් කළා. ඊටපස්සේ පෙරහන් ගොට්ටක් හම්බවුනා. ඒකත් විසි කළා. මේන් බැලින්නං ඉබ්බෙකුත් ඉන්නවා. ඌවත් එළියට දැම්මා. තවදුරටත් හාරගෙන යද්දී ඔන්න

හම්බවෙනවා මස් ලොඹුවකුයි මන්නෙකුයි. මස්ලොඹුවයි මන්නෙයි යනු කුමක්ද?

"**අසිසූනාති බෝ භික්ඛු පඤ්චන්නේතං කාමගුණානං අධිවචනං** භික්ෂුව, මස් කපන කොටෙයි මන්නෙයි කියලා කියන්නේ පස්වැදෑරුම් කාම ගුණයන්ට කියන නමක්." බුදුරජාණන් වහන්සේ කාමයන්ට මස්ලොඹුවයි මන්නෙයි කියන්නේ මොකද? කොච්චර එතන මස් කප කපා අයින් කළත් ඒක ඒ කොටේට නෑ. මොනවද ඒ පංච කාමගුණ? ඇසෙන් දකින්නා වූ ඉෂ්ඨ වූ කාන්ත වූ මනාප වූ ප්‍රිය ස්වරූප ඇති, කෙලෙස් හට ගන්න රූප, කනින් අසන්නා වූ ඉෂ්ඨ වූ කාන්ත වූ මනාප වූ ප්‍රිය ස්වරූප ඇති, කෙලෙස් හට ගන්න ශබ්ද, නාසයට දැනෙන්නා වූ ඉෂ්ඨ වූ කාන්ත වූ මනාප වූ ප්‍රිය ස්වරූප ඇති, කෙලෙස් හට ගන්න ගඳ සුවඳ, දිවට දැනෙන්නා වූ ඉෂ්ඨ වූ කාන්ත වූ මනාප වූ ප්‍රිය ස්වරූප ඇති, කෙලෙස් හට ගන්න රස, කයට දැනෙන්නා වූ ඉෂ්ඨ වූ කාන්ත වූ මනාප වූ ප්‍රිය ස්වරූප ඇති, කෙලෙස් හට ගන්න පහස.

අතීත මතකයන් සිහි කර කර....

මේවා මස්කපන කොටේ උඩ තියලා මන්නෙන් කොට කොට ඉන්දෙද්දී මෙයා ටික ටික නාකි වෙනවා. නාකි වෙලා දත් හැලෙනවා. කොණ්ඩේ යනවා. ඒත් අරක කොට කොටා ඉන්නවා. අන්තිමට එක්තැන් වෙනවා. ඔක්කොම අතීතයට ගිහිල්ලා අන්තිමට කිසි දෙයක් නෑ. 'අනේ මට දූන් ළමයිත් නෑ. මේ ඔක්කොම දාලා යන්නත් වෙනවානේ' කියලා බලාගත්තු අත බලාගෙන ඉන්නවා. ඇයි, රැස් කරගත්තු පිනකුත් නෑ. මනුස්ස ලෝකෙට ඇවිල්ලා කයෙන් වචනයෙන් මනසින් හදාගත්තු අවුල්

ගොඩක් නම් තියෙනවා. ඒ අවුල තමයි ඊටපස්සේ හිතේ වැඩකරන්නේ. ඒ අවුලේ පැටලි පැටලී ඉඳලා මැරුනට පස්සේ සුගතියේ යයි කියලා හිතන්න බෑ. සුගතියේ යන්න නම් නිරවුල් වෙන්න ඕන.

ඒ සඳහා කැපවෙලා, තිසරණයේ මනාකොට පිහිටලා, මේ හැම දෙයක් ම තෝරා බේරාගෙන ඉක්මනට නිරවුල් කරගෙන තියාගන්න ඕන සුගතියේ යන්න නම්. අවුලක් එක්ක සුගතියේ යන්නේ නෑ. අවුල් වෙච්ච ගමන් මොකද වෙන්නේ, දුගතියේ ඉන්න නෑදෑයෝ ටික සුගතියේ යන්න දෙන්නේ නෑ. ඒගොල්ලෝ ඉරිසියා කරනවා. දූන් හොඳට බලන්න හිතලා, මම දන්නේ නෑ අනිත් රටවල්වල විස්තර. අපි අපේ ලංකාවේ විස්තරය ගත්තොත් එක බත්පත බෙදාගෙන කාලා, එක ගෙදර වාසය කරපු, එකම සහෝදර සහෝදරියෝ ටික නේද පස්සේ සතුරෝ වෙලා, අවුල් වියවුල් වෙලා, බෙදිලා ඈතට යන්නේ? එකිනෙකාට ඇතිවෙන ලාභසත්කාර පිළිබඳ අරගලය නේද මේ තියෙන්නේ?

එකට එක් වී, එකට කා බී, එකට සැතපීලා....

එකම පවුලේ කට්ටිය වෙනස් වෙලා යනවා. අන්තිමට බැලින්නම් අනේ මේ එක බත්පත කාගෙන, එකට සෙල්ලම් කරගෙන, එක ඇඳේ නිදියගෙන, එක වතුර බේසමේ නාපු අය. පස්සේ එක්කෙනෙක් දකින කොට එක්කෙනෙක් ඔරවනවා. එහෙම පවුල් නැද්ද? තියෙනවා. එහෙම අය මැරිලා ගියාට පස්සේ ඒගොල්ලෝ කැමති වෙන්නේ නෑ තමන්ගේ පවුලේ එකෙක් සුගතියේ යනවාට. මරණාසන්න වෙනකොට අවුලෙන් නම් ඉන්නේ එයා, පෙනී ඉන්නවා ඇවිල්ලා. පෙනී හිටලා අඬගහනවා.

එතකොට අර මරණාසන්න වෙච්ච එක්කෙනා නන් දොඩවනවා. 'ආං... අසවලා මට අඬගහනවා. ආං... පුංචි අම්මා ආවා... ආං බාප්පා ආවා... ආං අයියා ආවා... ආං මට එන්න කියනවා...' කියලා හරියට ඔය වගේ ඒවා කියවනවා මිනිස්සු. ඉෂ්ඨ දේවතාවෙක් අහලකවත් නෑ.

එහෙම වෙන්නේ මොකද? ඒ ගෙවාපු ජීවිතය තුළ තමන් ප්‍රබල වූ පුණ්‍යසංස්කාරයක් උපද්දවාගෙන නෑ. බලවත් පුණ්‍යසංස්කාරයක් උපද්දවාගෙන නැත්නම් අනතුරක් ම යි. බලවත් පුණ්‍යසංස්කාරයකට තමයි ඒක මැඩලන්න පුළුවන්. ඒ බලවත් පුණ්‍ය සංස්කාරය උපදින්නේ බුදුරජාණන් වහන්සේ සරණ යෑමෙන්, ධර්මය සරණ යෑමෙන්, ශ්‍රාවක සංඝයා සරණ යෑමෙන්. නොසෙල්වෙන ආකාරයට හිතේ පැහැදීම පැවැත්වීමෙන්. වැනෙන සිතක් ඇතුව, අරක හරිද මේක හරිද කිය කිය කල්පනා කරන, වාද විවාද කරකර ඉන්න, හිතට ගත්තු, කෙනෙක් තුළ ධර්මය, කුසල් පිහිටන්නේ නෑ. මේක හොඳට නුවණින් කල්පනා කරලා ශ්‍රද්ධාව ඇතුව කරන්න ඕන වැඩක්.

අත්හළ යුතු දේවල්....

එතකොට මේ පංච කාමගුණයන් හරියට මස් කපන කොටෙයි මන්නෙයි වගේ කියලා කල්පනා කරන කෙනෙකුට මේ කාමගුණයන් කෙරෙහි නිරතුරුව ම ඇලී ඉන්න හිතෙනවාද? නෑ. ඇයි මේකේ මොකුත් නෑනේ. දවස පුරා මස් කැපුවත් අන්තිමට බැලින්නම් එතන තියෙන්නේ මොකක්ද? මන්නෙයි කොටෙයි විතරයි. මේකේ කියනවා **උක්ඛිප අසිසූනං** මස්කපන කොටෙයි මන්නෙයි හුඹහින් අයින් කරන්න කියන ඒකේ තේරුම

තමයි **පජහ පඤ්චකාමගුණේ** පංච කාමගුණ අතහැරපන් කියන එක. බලන්න මේ ඔක්කෝගෙ ම කියන්නේ අල්ලග නිං අල්ලගනිං කියල ද, අතඇරපං අතඇරපං කියල ද? අතඇරපං කියලයි.

පජහ අවිජ්ජං අවිද්‍යාව අතඇරපං කියනවා. **පජහ කෝධූපායාසං** ක්‍රෝධය අතඇරපං කියනවා. **පජහ විචිකිච්ඡං** සැකය අතඇරපං කියනවා. **පජහ පංචනීවරණේ** පංච නීවරණ අතඇරපං කියනවා. **පජහ පඤ්ච උපාදානක්ඛන්ධේ** පංචඋපාදානස්කන්ධ අතඇරපං කියනවා. **පජහ පංචකාමගුණේ** පංචකාමගුණ අතහරින්න කියනවා. එහෙනම් මේවායින් පිරිලා තියෙන නිසා තමයි මේ තුඹසේ පැය විසිහතරේ ම කචල්. මේ තුඹස අවුල්වෙලා තියෙන්නේ මේවායින්.

නන්දිරාගය මස්වැදැල්ල වගේ....

තුවණැත්තා තවත් ඇතුළට තුඹස හාරගෙන යද්දි ඊළඟට හම්බ වුනේ මොකක්ද? මස් වැදූල්ලක්. අපි ගත්තොත් එළුමස් කුට්ටියක් හරි, එහෙම නැත්නම් කුකුල්මස් කුට්ටියක් හරි කොහේ හරි තිබ්බොත්, ඕක කොල්ලො දූක්කොත් අරන් යන්නේ නැද්ද? කොල්ලො විතරක් ද, ආච්චිඅම්මා කෙනෙක් දූක්කොත් ඕක උස්සන්නේ නැද්ද? උස්සනවා. ආච්චිඅම්මලා විතරක්ද, කාක්කෙක් දැක්කොත් උස්සන්නේ නැද්ද? බල්ලෙක් දූක්කොත් උස්සන්නේ නැද්ද? නරියෙක් දූක්කොත් උස්සන්නේ නැද්ද? වෙන සත්තු ටිකක් දූක්කොත් ඒ මස්කුට්ටියට පොරකන්නේ නැද්ද? උකුස්සන්ට දකින්න ලැබුනොත් ඒ මස් කුට්ටියට පොරකන්නේ නැද්ද? පොරකනවා.

"**මංසපේසීති බෝ භික්ඛු නන්දිරාගස්සේතං අධිවචනං** භික්ෂුව, මස්කුට්ටිය කියන්නේ නන්දිරාගයට කියන නමක්." නන්දිරාගය කියන්නේ ආශ්වාදයෙන් ඇලීම. **උක්ඛිප මංසපේසිං, පජහ නන්දිරාගං** මස් වැදූල්ල වීසි කරපං කිව්වේ නන්දිරාගය අත්හරින්න කියන එකයි. මේ තුඹස හාරන්න අර නුවණැත්තා පාවිච්චි කරපු ආයුධය මොකක්ද? සම්මා දිට්ඨි, සම්මා සංකප්ප. ඒ දෙක අයිති මොන ස්කන්ධයට ද? ප්‍රඥා ස්කන්ධයට. සම්මා වාචා, සම්මා කම්මන්ත, සම්මා ආජීව අයිති මොන ස්කන්ධයට ද? සීලස්කන්ධයට. ඊළඟට සම්මා වායාම, සම්මා සති, සම්මා සමාධි අයිති මොන ස්කන්ධයටද? සමාධි ස්කන්ධයට. එතකොට සීලස්කන්ධයට ආපු ශ්‍රාවකයා සමාධි ස්කන්ධය තුළ පිහිටා, ප්‍රඥා ස්කන්ධයෙන් තුඹස හාරනවා. ප්‍රඥාව නමැති ආයුධයෙන් තුඹස හාරනවා.

ඇයිදෝ තවමත් සංසාරේ....

ඒ තුඹස හාරන්න එයා පාවිච්චි කරන්නේ මොකක්ද? ආර්ය සම්මා දිට්ඨියත් සම්මා සංකල්පයත්. නෙක්ඛම්ම සංකප්ප, අව්‍යාපාද සංකප්ප, අවිහිංසා සංකප්ප කියලා සම්මා සංකප්ප තුනක් තියෙනවා. නෙක්ඛම්ම සංකප්පය නැත්නම් අතහරින්න පුළුවන් ද? බෑ. නෙක්ඛම්මය කියන්නේ අතහැරීම, නික්මයාම. එතනින් අයින් වීම. ඒක නැත්නම් අතහරින්න බෑ. අසූචි ගොඩේ පණුවා බහිනවා වගේ කැරකි කැරකී ඒකට ම යනවා. සමහරවිට ඔබ අපි හැමෝම එක බුද්ධ ශාසනයක විතරක් මහණවෙච්ච අය වෙන්න බෑ. කෙළවරක් නැති බුද්ධ ශාසනවල අපිත් මහණවෙලා වරින්වර ඉන්න ඇති. හැබැයි අපි මේ ධර්ම මාර්ගය හරියට ඇල්ලුවේ නැතුව ප්‍රමාද වුනා.

අපි ගත්තොත් විපස්සී බුදුරජාණන් වහන්සේගේ කාලේ කියන්න ඇති අපිට, යමං බණ අහන්න කියලා. බණ නම් හොඳයි තමයි, උඹලා පලයල්ලා කියන්න ඇති. ඊළඟට සිඛී බුදුරජාණන් වහන්සේගේ කාලෙත් කියන්න ඇති වරෙල්ලා බණ අහන්න යන්න. අන්න බුදුරජුන් පහලවෙලා කියලා. බොහොම හොඳයි. අහපල්ලා... මට නම් වෙලාවක් නෑ කියන්න ඇති. වෙස්සභූ බුදුරජාණන් වහන්සේගේ කාලෙත් එහෙමයි. කකුසඳ බුදුරජාණන් වහන්සේගේ කාලෙත් එහෙමයි. කෝණාගමන බුදුරජාණන් වහන්සේගේ කාලෙත් එහෙමයි. කාශ්‍යප බුදුරජාණන් වහන්සේගේ කාලෙත් එහෙමයි. බණ පොඩ්ඩ පොඩ්ඩ අහලත් ඇති. නමුත් හරි විදිහට කරගන්න තරම් ප්‍රඥාව වැඩිලා තිබුනේ නෑ. සමහරවිට අපි මහණදම් පුරන්න ඇති. මහණ වෙලත් හරියට මහණදම් පුරපු නැති අය ඔය ඕනතරම් උපදින්නේ සත්තු සර්පයෝ වෙලා.

ධර්මාවබෝධයට එකම සුදුසුකම....

බුදුරජාණන් වහන්සේ උන්වහන්සේ ළඟට අඬගහන්නේ කාටද? **"ඒතු විඤ්ඤූ පුරිසෝ අසයෝ අමායාවී** කට්ට නැති, මායා නැති නුවණැත්තෙක් පැමිණේවා" කියලා. ඔන්න සුදුසුකම. කට්ට නැති, මායා නැති නුවණැත්තෙක් වෙන්න බැරිවුනා අපට. ඒකයි මේ කැරකි කැරකි විඳව විඳවා යන්නේ. ඔන්න දැන් ආයෙත් මේ ආත්මේ අපිට ගිහි පැවිදි කතාවක් නැතිව අවස්ථාව තියෙනවා. මේ අවස්ථාව ලෙස්සලා වැරදි තැනකට ගියොත් බේරගන්න කවුරුත් නෑ. මං හිතන්නේ නෑ කාටවත් බේරන්න පුළුවන් කියලා. ඇයි හේතුව, තමන්ගේ කර්මයෙන් ම යි එතනට යන්නේ. වෙනත් කෙනෙකුට

බේරගන්න පුළුවන් තරම් බලසම්පන්න පුණ්‍ය මහිමය තියෙන අය නෑ.

එක තැනක තියෙනවා විස්තරයක්, ලංකාවේ භික්ෂූන් වහන්සේලා කීප නමක් දඹදිව වන්දනාවේ යනවා. කැලේ පාරකින් යද්දී පාර වැරදිලා ඔන්න රෑ බෝ වුනා. අතරමග ගල්තලාවක් දැකලා සත්තුත් ඉන්න නිසා ඒ ගල්තලාවට ගොඩ වුනා. උදේ ඇහැරිලා බැලින්නම් ඒ ගලක් නෙමෙයි. පෙරේතයෙක්. ඒ පෙරේතයා මේ භික්ෂූන් වහන්සේලාත් එක්ක කතා කළා. කාශ්‍යප බුද්ධකාලේ වැරදිච්ච එක්කෙනෙක්. පිපාසෙන් ඉන්නවා. කිට්ටුවෙන් ගඟක් යනවා. ඉතින් ස්වාමීන් වහන්සේලා මුළු දවසම වතුර ගෙනල්ලා ගෙනල්ලා අර ගලේ දෙබොක්කාවකට දැම්මා. හවස් වෙලා ඇහැව්වා 'දැන් නම් ඉතින් ඔන්න අපිට හොඳටෝම මහන්සියි. අද නම් බඩ පිරෙන්න හම්බෙන්න ඇති නේද වතුර?' කියලා. ඉඳිකටු සිදුරකින් බින්දුවක් වැටුනා වගේ උගුර තෙත් වීමක් දැනුනෙවත් නෑ කිව්වා. එහෙම ආත්ම කොච්චර තියෙනවාද...

ක්ෂීණාස්‍රව රහතන් වහන්සේ....

එතකොට දැන් මේ තුඹසෙන් අස්කරන්න කියපු දේවල් අපි අස්කරලද ඉන්නේ, ඒවත් එක්කද ඉන්නේ? ඒවත් එක්කයි ඉන්නේ. මේවා ඔක්කොම අස්කරගෙන ගියාම ආයෙ දැන් අස්කරන්න දෙයක් නෑ. හාරගෙන යනකොට අන්තිමට මොකක්ද හම්බ වුනේ? නාගයෙක්. බුදුරජාණන් වහන්සේ වදාළා "**නාගෝති බෝ භික්ඛු** භික්ෂුව, නාගයා කියන්නේ **ඛීණාසවස්සේතං භික්ඛුනෝ අධිවචනං** ආශ්‍රවයන් ක්ෂය කළ භික්ෂුවට කියන නමක්. ආශ්‍රවයන් ක්ෂය කළ භික්ෂුව කියන්නේ කවුද? රහතන්

වහන්සේ. ඒ කියන්නේ මේ කියපු ඔක්කෝම කෙලෙස් ටික අයින් කළොත් කවුද එතන ඉන්නේ? රහතන් වහන්සේ නමක්. "**තිට්ඨතු නාගෝ** නාගයා සිටීවා. **මා නාගං සට්ටේසි** නාගයා සමඟ ගැටුමකට නොයාවා. **නමෝ කරෝහි නාගස්සාති අයමේතස්ස අත්ථෝ** නාගයාට නමස්කාර කරන්න කියන එකේ අර්ථය මේකයි" කියනවා.

එතකොට 'ආ... මට නම් රහත් වෙන්න ඕන, මට නම් මඟඵල ලබන්න ඕන කියලා මට, මම කියලා කෙනෙකුට අයිතියක් ගන්න දෙයක් මේකේ නෑ. මේකේ තියෙන්නේ තියෙන අකුසල් ටික අයින් කිරිල්ලයි. තියෙන අකුසල් ටික අයින් කරනකොට රැස්කරන කුසලයෙන් උවමනා දේ හැදෙනවා. තියෙන අකුසල් ටික අස්කරගෙන අස්කරගෙන ගියොත් කුසල් උපදින්නේ නැද්ද? කුසල් උපදවන්නේ නැතිව මේක අයින්කරන්න බෑ. මොකද හේතුව, එකක් අයින් කරන්නේ තව එකක් රිප්ලේස් කරලයි. එහෙම නැතුව අයින් වෙන්නේ නෑ ඒක. අකුසලය අයින් කරන්නේ එතනට ඒ වෙනුවට කුසලය ඇතිකරගෙන යි. කුසලයයි අකුසලයයි එකට තියාගන්න බෑ.

අන්ධකාරය වෙනුවට ආලෝකය....

අන්ධකාරයයි ආලෝකයයි එකට තියාගන්න බෑ. ආලෝකය තියෙන තැනට අපි අන්ධකාරය පැමිණෙව්වොත් එතන ආලෝකය නෑ. එතන තියෙන්නේ අන්ධකාරය විතරයි. අන්ධකාරය තියෙන තැනකට ආලෝකය පැමිණෙව්වොත් එතන අන්ධකාරය නෑ. එතන තියෙන්නේ ආලෝකය විතරයි. ඒ වගේ අකුසලයට එරෙහි වූ යමක් එතනට දමන්නේ නැතුව, අකුසලය අයින් වෙන්නේ නෑ.

ඉන්ද්‍රිය සංවරය ඇතිකරගන්නේ නැතුව ඉන්ද්‍රිය අසංවරය දුරුවෙන්නේ නෑ.

ආර්ය සත්‍යය අවබෝධ කරන්නේ නැතිව අවිද්‍යාව අයින් වෙන්නේ නෑ. මෛත්‍රිය වඩන්නේ නැතිව ක්‍රෝධය අයින් වෙන්නේ නෑ. ශ්‍රද්ධාවට මනාකොට පැමිණෙන්නේ නැතුව සැකය අයින් වෙන්නේ නෑ. සමාධිය උපදවා ගන්නේ නැතුව නීවරණ අයින් වෙන්නේ නෑ. ප්‍රඥාවෙන් මනාකොට ආදීනව සඤ්ඤාව ඇතිකර ගන්නේ නැතුව උපාදානස්කන්ධ අයින් වෙන්නේ නෑ. කාමයන්ගේ ආදීනව මෙනෙහි කරන්නේ නැතුව කාමයන් කෙරෙහි තියෙන ඇල්ම අයින් වෙන්නේ නෑ.

හිතෙන් ලැබෙන රහස් අණ....

අපි අයින් වෙයං කියලා කියපු ගමන් මේවා අයින් වෙනවා නම් හරි සුළු දෙයක්නේ කරන්න තියෙන්නේ. නිකමට හිතට අණ කරලා බලන්න 'එම්බා සිත, මෙත් සිත වඩපං...' කියලා. බලන්න හිත කරයිද කියලා. නෑ. නමුත් හිත අපට රහසේ අණ කරනවා 'බලාපං අරක දිහා... හොරෙන් හරි බලාපං... අසාපං අර දේ... හොරෙන් හෝ අසාපං... කරපං අරක... විඳපං සතුට... කෙලින් බැරි නම් හොරෙන් කරපං...' කියලා මේ විදිහට හිත අණ කරන්නේ නැද්ද? අණ කරනවා. ඒ අණ කරන හිතට අනුව, කෙලෙස් සහිත සිතේ දාසයෝ වෙලා නෙමෙයිද අපි මේ තේරෙන කාලයක් වෙනකම් වාසය කළේ? මේ කෙලෙස් සහිත හිත ආසා කරන දේ ගැන රහසේ මතක් කරනවා.

මේ හිතේ අණට අනුව ගිහින් ගිහින් සතර අපායේ විපාක පිණිස කර්ම හැදුනට පස්සේ කරන්න දෙයක්

නෑ. එයා මැරෙනකොට හිතේ අණට අනුව ක්‍රියා කරද්දී වෙනස්වෙවී හැදිච්ච විඤ්ඤාණයක් තමයි චුතවෙන්නේ. ඒක තමයි නිරයට ගෙනියන්නේ උපත පිණිස. මේ විදිහට අණ කර කර තියෙන හිත නෙමෙයි ද අපව නිරයට ගෙනිච්චේ? මේ විදිහට අණ කරකර තියෙන හිත නෙමෙයි ද අපව ප්‍රේතලෝකෙට ගෙනිච්චේ. දැන් බලන්න හිතලා තුසිත දිව්‍යලෝකෙට යන්න පින් තිබුනා අර හාමුදුරුවන්ට. අක්කා මසා දීපු සිවුර නොවැ කියලා හොඳට ආදරයෙන් සිවුර අතගාලා වැලෙන් දැම්මා. හිතේ ආසාවක් ඉපැද්දෙව්වා හෙට පොරවපං කියලා. හිත ලස්සනට ගෙනිච්චා මැරෙනකොට එතනට ම.

ගඟට ඉණි කැපුවා වගේ....

අපි දන්නේ නෑ ඔයගොල්ලෝ දැන් මනසින් කොයි කොයි ලෝක වලද ඉන්නේ කියලා. මැරුනට පස්සේ ලස්සනට එතනට ගෙනියයි. අහපු ධර්මය වතුරේ. ගඟට ඉණි කැපුවා වගේ. ඉණි කප කප ගඟට දානවා. ඔහේ ගඟේ පාවී යනවා. ආන්න එහෙමයි ගොඩක් වෙන්නේ. නොමග ගිය හිතක් සුමගට ගන්න ලේසි නෑ. ඒකට මේ හිත කියන කියන දේ නොකොට, මේ හිතට පිළිසරණක් ලබාගන්න ඕන. ඒ පිහිට ලබාගන්නේ ධර්මයෙන්. ඒ ධර්මය බුදුරජාණන් වහන්සේගේ හදවතේ මතුවෙච්ච එකක්. මේ ධර්මය බාහිර ලෝකෙකින් ආපු එකක් නෙවෙයි.

බුදුරජාණන් වහන්සේ ගේ හදවතේ මේ ධර්මය ඉබේ මතුවුනේ නෑ. උන්වහන්සේව නිකෙලෙස් කරගෙන, උන්වහන්සේගේ සියලු කෙලෙස් භෂ්ම කරලා, කෙලෙස්වල රොඩු කැල්ලක්වත් නොතබා උන්වහන්සේගේ හිතේ

ධර්මය මතුවුනේ. උන්වහන්සේව විසාරද බවට පත්කලේ උන්වහන්සේගේ ධර්මය යි. දැන් අපි ගමු බුදුරජාණන් වහන්සේගේ ගුණයක් තියෙනවනේ සම්මාසම්බුද්ධ කියලා. සාමාන්‍යයෙන් ලෝකයේ හැමෝම එක එක විෂයන් ගැන පොඩ්ඩ පොඩ්ඩ දන්නවා. දැන් කොම්පියුටර් ගත්තොත් ඒ ගැන පෝඩ්ඩක් දන්නවා කවුරුහරි. තාරකා විද්‍යාව ගත්තොත් ඒ ගැන පොඩ්ඩක් දන්නවා කවුරුහරි. ජීව විද්‍යාව ගත්තොත් ඒකත් පොඩ්ඩක් දන්නවා.

නොදන්නා දේ ම යි වැඩි....

වෙනත් භාෂා ශාස්ත්‍රයක් ගත්තොත් ඒකත් පොඩ්ඩක් දන්නවා. ඔය පරලොව ගැන ගත්තොත් ඒ ගැනත් කතන්දරයක් දෙකක් දන්නවා. ඊළඟට ගස් කොළන් ගැන ගත්තොත් ඒ ගැනත් පොඩ්ඩක් දන්නවා. අපි නොදන්න දේ ද වැඩි, දන්න දේ ද වැඩි? නොදන්න දේ වැඩියි. එහෙනම් ඒ නොදන්න දේ පිළිබඳව අපිට කුතුහලයක් නැද්ද? නොදන්න දේ ගැන මේක කොහොමද දන්නේ නෑ, මේක කොහොමද දන්නේ නෑ කියලා අපට බොහෝ කුතුහල තියෙනවා. සම්මා සම්බුද්ධයි කියලා කියන්නේ කුතුහලයක් නෑ. සම්මා සම්බුද්ධ බව තියෙන්නේ විශාරද ඤාණයක් එක්කයි.

ඒ තමයි දෙවියන් බඹුන් මරුන් සහිත ලෝකයේ කවුරුවත් බුදුරජාණන් වහන්සේට අභියෝග කරන්නේ නෑ 'ඔබවහන්සේ සම්මාසම්බුද්ධයි කියනවා. නමුත් මේක අවබෝධ කරලා නැනේ. අසවල් ලෝකේ ගැන දන්නේ නැනේ. අසවල් අපාය ගැන දන්නේ නැනේ. අසවල් දිව්‍යලෝකේ ගැන දන්නේ නැනේ. අසවල් සංස්කාර ගැන දන්නේ නැනේ. අසවල් විඤ්ඤාණය ගැන දන්නේ

නැතේ' කියලා ලෝකේ කිසි කෙනෙකුට කියන්න බෑ. ඒක නිසා තමයි උන්වහන්සේගේ සම්මා සම්බුදු බවට සර්වඥ බව කියලා කියන්නේ. අනාවරණ ඤාණය කියන්නේ. සමතැස කියන්නේ. ඒක උන්වහන්සේගේ එක ඇසක්. උන්වහන්සේ දකින්න තියෙන සියලු දේ දකිනවා.

නැත මට වෙනත් සරණක්....

ඒකනේ මේ දෙවියා කියන්නේ මේ ප්‍රශ්නවලට තථාගතයන් වහන්සේ නමකට විතරයි කියනවා උත්තර දෙන්න පුළුවන්. එහෙම නැත්නම් ඒ තථාගතයන් වහන්සේ නමකගෙන් අහගත්තු ශ්‍රාවකයෙකුට විතරයි කියනවා පුළුවන්. වෙන කෙනෙකුට මේකට උත්තර දෙන්න බෑ කියනවා. එතකොට බලන්න පින්වත්නි, අපි ඒ බුදුරජාණන් වහන්සේ සරණ යනවා කියන්නේ නිකම්ම නිකම් තොදොල් වැඩක් නෙවෙයි. ඒ විශාරද ඤාණ ගැන අප තුළ පැහැදීමක් තියෙන්න ඕන.

දැන් අපි අපේ යුතුකමක් හැටියට මේ හැමදේම ඔබට කියා දීලා තියෙනවා. බුදුරජාණන් වහන්සේට තථාගත ඤාණ බල දහයක් තියෙනවා. ඒ මේවා. විශාරද ඤාණ හතරක් තියෙනවා. ඒ මේවා කියලා උගන්නලා තියෙනවා. ඕවා කියා දීලා තියෙන්නේ මොකටද? සිත පහදවා ගැනීමට යි. ඒ සිත පහදවාගැනීම අපි කළ යුත්තේ මොකද? 'පෙර ආත්මේ අපි අසවල් තැන හිටියේ. තව ආත්මෙක අසවල් තැන හිටියේ. අපි අසවල් අසවල් කර්ම කරලා තියෙනවා. අසවල් අසවල් පුණ්‍ය කර්ම කරලා තියෙනවා. අසවල් අසවල් පාප කර්ම කරලා තියෙනවා' කියලා අපිට අතීතය ගැන සම්පූර්ණයෙන් කිව්ව හැකි ඤාණයක් තියෙනවද? නෑ. අනාගතය ගැන කියන්න

පුළුවන් ඥාණයක් අපට තියෙනවාද? නෑ.

හරි විදිහට ධර්මය ඇසුරු කළොත්....

ඒ වගේ ම අපි අන්‍යයන්ගේ ජීවිත ගැන දන්නෙත් නෑ. ඊළඟට දිව්‍යලෝක අපාය ගැන දන්නෙත් නෑ. එහෙනම් අපි සියල්ලට ම පිළිසරණ ගන්නේ මොකෙන්ද? බුදුරජාණන් වහන්සේගේ ධර්මයෙන්. උන්වහන්සේගේ අවබෝධය කෙරෙහි අපේ හිතේ තියෙන පැහැදීම එක්ක ඒ ධර්මය ගැළපෙන්න ඕන. ගැළපුනාට පස්සේ අපිට හරියටම නිවැරදිව තේරුම් ගන්න පුළුවන් ඒ ධර්මය ඇසුරු කරපු එක්කෙනා යහපත කරා ගියාද නැද්ද කියලා. කෙනෙක් හරි විදිහට ධර්මය ඇසුරු කළොත් එයා යහපත කරා යනවා.

දැන් මේ දේශනාවේ කියපු දේවල් අයින් කළොත්, අවිද්‍යාව අයින් කළොත්, ක්‍රෝධ උපායාස අයින් කළොත්, සැකය අයින් කළොත්, පංචනීවරණ අයින් කළොත්, පංචඋපාදානස්කන්ධ අයින් කළොත්, පංච කාමගුණ අයින් කළොත්, නන්දිරාගය අයින් කළොත් එයා යහපතට පත්වෙන්නේ නැද්ද? ඇයි ඒ ඔක්කොම අයහපතට විපත්තියට පීඩාවට කරදරයට දුකට සෝකයට හේතුවන කරුණුනේ. ඒවා අයින් කරගන්න බැරිකම නිසා නෙවෙයිද අපි මේ විඳවන්නේ? ඒවා අයින් වුනා නම් මේ විඳවිල්ලත් ඒ එක්කම අයින් වෙනවා. විඳවන්නේ යම් දුකකින් නම් ඒ දුකට හේතුවෙච්ච කාරණය අපි ළඟ තියනකම් අපි විඳවන්නේ නැද්ද?

හඬන වැලපෙන සැලෙන....

අපි කියමු අපි ගොඩාක් ආදරේ කරනවා යම්කිසි

දෙයකට. ඒ දේ අපිට අහිමි වෙනවා. ඊටපස්සේ අපි මොකක්ද කරන්නේ? අපි ඒ වෙනුවෙන් හඬනවා, වැලපෙනවා, සෝකවෙනවා. එහෙම වුනා කියලා ඊළඟ එකට ආදරේ කිරීම අපි නවත්වනවද? ඊළඟ එකටත් ආදරේ කරනවා. එතකොට හැමතිස්සේ ම අපිට සිද්ධ වෙන්නේ එකම දේ නෙවෙයිද? අපි යම්කිසි දේකට දැඩිව බැඳෙනවාද, ඒ දෙය අනිත්‍ය වෙනකොට අපි අඬනවා වැලපෙනවා. එතකොට දැඩිව බැඳුන යම්කිසි දෙයක් තමන් තුළ නොතිබුනා නම්, තමන්ට හඬන්න වැලපෙන්න සිද්ධ වෙයි ද? නෑනේ.

තමන්ට ගැටෙන්න දෙයක් මෙතන නොතිබුනා නම් ගැටීම නිසා ඇතිවන පීඩාව තමන්ට ලැබෙයිද? නෑනේ. මෝඩකම හටගන්න දෙයක් මෙතන නොතිබුනා නම් මෝඩකමින් හටගන්නා අර්බුද හටගනියිද? නෑනේ. එහෙනම් මේ දුක කරා යන දේවල් අපි ළඟ තියෙනවා. දුක හදලා දෙන්නේ ඒකෙන්. දුක කරා යන දේ නැතිවෙච්ච දවසට අපි දුකින් නිදහස් වෙනවා. 'අනේ අපිට දුකක් ලැබෙන්න එපා... අනේ අපිට සැනසිල්ලේ වාසය කරන්න ලැබේවා... අනේ අපිට කරදරයක් නැතිව ජීවත් වෙන්න ලැබේවා... දැන් ඉතින් තවදුරටත් දුක් විඳින්න බෑ. මේ වින්ද දුක ඇති...' කිය කිය කී දෙනෙක් කියනවද. නමුත් මේ දුකේ ඉවරයක් වෙන්නේ නෑ. ඇයි ඉවරයක් වෙන්නේ නැත්තේ? ප්‍රතිපදාවේ නොයෙදුන නිසා.

ආයුධත් නෑ නුවණත් නෑ හැරීමකුත් නෑ....

ප්‍රතිපදාවේ යෙදුනා නම් මේක ඉවරයක් වෙන වැඩපිළිවෙළකට බැස ගන්නවා. ඉවරයක් වෙන වැඩපිළිවෙළකට බැසගන්න නම් උත්සාහයෙන් යුතුව

ප්‍රතිපදාවේ යෙදෙන්න ඕන. දැන් අපි ඉගෙන ගත්තු දේශනාවේ කියනවනෙ මේ නුවණැත්තා නිරන්තරයෙන් ම කරපු එක දෙයක් තියෙනවා. මොකක්ද ඒ? ආයුධය අරගෙන හාර හාර හිටියා. එන එන වෙලාවට ඒ හම්බවෙච්ච දේ අයින් කර කර හිටියා. අපිට නුවණකුත් නෑ. ආයුධයකුත් නෑ. හැරිල්ලකුත් නෑ. අපි ළඟ තියෙන්නේ අර ඔක්කොම එකතු වෙලා තියෙන හුඹහ විතරයි. නුවණින් යුක්තව විමසන්න පටන් ගන්නකම් අපිට ආයෙ ආයෙමත් දිගින් දිගට ම හුඹස් ම ලැබෙයි. ඔයින් එහා දෙයක් වෙන්නේ නෑ.

එක තැනක බුදුරජාණන් වහන්සේ දේශනා කළානේ මහණෙනි, භවයෙන් භවය ඉපදි ඉපදි මෙතෙක් කල් අපි කරලා තියෙන්නේ මහපොළොවට පස් දමාපු එකයි කිව්වා. ඊට එහා දෙයක් කළේ නෑ කිව්වා. ඔය ජාතක කතා කියවද්දි මට හරි සංවේගජනක සිද්ධි හම්බ වෙලා තියෙනවා. ඒ කාලේ පැවිදි වෙච්ච භික්ෂූන් වහන්සේලා අතර හරි හිතුවක්කාරකම් කරපු අය ඉඳලා තියෙනවා. ඉතින් බැරිමතැන ගුරු ස්වාමීන් වහන්සේලා ඒ අයව බුදුරජාණන් වහන්සේ ළඟට එක්කන් ඇවිල්ලා විස්තර කියනවා. එතකොට බුදුරජාණන් වහන්සේ 'මේ භික්ෂුව මේ ආත්මේ විතරක් නෙවෙයි, කලින් ආත්මෙකත් විශාල කරදරයක වැටුනා ඔය හිතුවක්කාරකම නිසා කියලා කියනවා. ඊටපස්සේ 'ඒ කාලේ බෝධිසත්වයෝ අසවල් කෙනා, මේ භික්ෂුව අසවල් කෙනා' කියලා විස්තර කියනවා.

සාංසාරික දුර්වලතා....

එතකොට බෝසතාණන් වහන්සේ පෙරුම් පුරන

කාලේ අර භික්ෂුවත් ඔය මොකක්හරි ආත්මයක් ලබා ගෙන ඉඳලා තියෙනවා. දැන් බලන්න ඒ බෝසතාණන් වහන්සේ ඒ කාල පරිච්ඡේදයේ ම පාරමී ධර්මයනුත් මුහුකුරා ගිහිල්ලා, ඊළඟට මහ පොළොව කම්පා කරවමින් දානමාන දීලා, තුසිත දිව්‍යලෝකෙත් වැඩඉඳලා, දෙවියන්ගේ ආරාධනාවෙන් මනුස්ස ලෝකෙටත් ඇවිල්ලා, සම්බුද්ධත්වයටත් පත් වුනා. එදා ඒ බෝසතාණන් වහන්සේගේ කාලේ හම්බවෙච්ච එක්කෙනා ඒ දුර්වලකමින් ම තාම යනවා. බලන්නකෝ ඒකේ ස්වභාවය.

බුදුරජාණන් වහන්සේ කියනවා ඒ කාලේ බෝසතාණන් වහන්සේ වෘක්ෂ දේවතාවෙක් වෙලා හිටියා. එක්කෝ අසවල් වෙළෙන්දා වෙලා හිටියා කියලා. ඒ කාලෙත් මෙයා ඉන්නවා. නමුත් එයාගේ දුර්වලකම් මේ කාලෙත් ඒ විදිහමයි. බෝසතාණන් වහන්සේ දුර්වලකම් නැතිකරගෙන, පාරමීත් පුරලා, සම්බුදු බවටත් පත්වෙලා. අර පුද්ගලයා දුර්වලකම් ගොඩේම යනවා චූටි පිනක් එක්ක. එතකොට බුදුරජාණන් වහන්සේ ඒ දුර්වලකම මතක් කරලා අර චූටි පින විස්තර කරලා දෙනවා.

මත්ස්‍ය ප්‍රේමය....

එක්තරා අවස්ථාවක භික්ෂුවක් මාගමක් එක්ක පටලැවිල්ලක් හදාගෙන සිවුරු අරින්න ලෑස්ති වුනා. අනිත් භික්ෂූන් වහන්සේලා ගිහිල්ලා බුදුරජාණන් වහන්සේට මේ බව සැළකළා. බුදුරජාණන් වහන්සේ කියනවා 'ඕකිට අහුවෙන්න එපා. ඕකි කලින් ආත්මෙකත් ඔබව මරන්න හැදුවා. මමයි බේරගත්තේ' කියනවා. එතකොට භික්ෂූන් වහන්සේලාට ආසා හිතුනා මේ කතන්දරේ අහන්න.

ආසා හිතිලා කියනවා 'අනේ ස්වාමීනි, මොකක්ද ඒ කතන්දරේ? අපිට කියලා දෙන්න' කියනවා. එතකොට බුදුරජාණන් වහන්සේ වදාරනවා කලින් ආත්මෙක මේ භික්ෂුව ගංගාවක මාළුවෙක් වෙලා හිටියා. මේ භික්ෂුව සිවුරු අරවගන්න හදන අර ගෑනු එක්කෙනා මාළුච්චියක් වෙලා හිටියා.

ඔය දෙන්නා අතර ප්‍රේම සම්බන්ධයක් ඇති වුනා. දැන් දවසක් මේ දෙන්නා වතුරේ නට නට යනවා. මාළුච්චි ඉස්සරහින් නට නටා යනවා, මාළුවා පස්සෙන් යනවා. මාළු අල්ලන මිනිස්සු දැලක් එලලා. ඒ දැලේ අමුණලා තිබුන ගොදුරු ගඳ දැනෙද්දි මාළුච්චිට මේක තේරිලා දැල මග ඇරලා නට නටා ගියා. මාළුවාට ඒ ගැන අවධානයක් තිබුනේ නෑ. ඇයි දැන් මාළුච්චි ගැන සිහියෙන් නේ ඉන්නේ. මාළුවා ගිහිල්ලා පැටලුනා දැලේ. මාළු අල්ලන මිනිස්සු මාළුවා ගොඩට ගත්තා. මාළු අල්ලන කොල්ලෝ කිව්වා 'ෂා... මේ විශාල මාළුවෙක් හම්බවෙලා තියෙන්නේ. අපි මේකා දැන් ම මෙතන ම පුළුස්සං කමු' කිව්වා. කියලා මාළුවා පුළුස්සන්න ලී කෑල්ලක් උල්කරකර හිටියා. දැන් මාළුවා වැලිගොඩේ දමලා ඉන්නවා.

මා අතහැර ඔබ වෙනතක යාවී දෝ....

ඒ කාලේ බෝසතාණන් වහන්සේ රජ්ජුරුවන්ගේ පුරෝහිත බ්‍රාහ්මණයෙක්. එතුමාට පුළුවන් සියුම් ශබ්දවල අර්ථ තේරුම් ගන්න. බෝසතාණන් වහන්සේ පිරිසත් සමග ගංගාවට නාන්න යද්දි සතෙක් අඬ අඬ කෑගහනවා ඇහෙනවා. 'ඇයි ඔයා මාව දාලා ගියේ... ඔයා වෙන කෙනෙක් එක්ක යන්න එපා... මට ඔයා ගැන දුකයි... අනේ මං මෙහෙම මළාට කමක් නෑ... මට ඒ ගැන දුක නෑ...

මට දුක ඔයා වෙනින් එකෙක් එක්ක යාවි කියලයි...' කිය කිය දූන් අර මාළුවා අඬනවා. බෝසතාණන් වහන්සේ වටපිට බැලුවා කවුද මේ කෑගහන්නේ කියලා. බලද්දී අර මාළුවා.

බෝසතාණන් වහන්සේ කල්පනා කළා 'ඈ... මේ මාළුවා මෙහෙම රාගයෙන් ඉඳලා මළොත් නිරයේ නොවැ යන්නේ. මම මෙයාව බේරගන්න ඕනෙ' කියලා බෝසතාණන් වහන්සේ අර මාළු අල්ලන කොල්ලෝ ගාවට ගිහිල්ලා ඇහුවා 'ළමයිනේ... ඔයගොල්ලෝ මට එක දවසකටවත් වෑංජනේකට ගන්ට මාළුවෙක් දෙන්නේ නැද්ද?' කියලා. 'පුරෝහිතතුමනි, මෙතනින් ඔබ කැමති මාළුවෙක් ගන්න' කිව්වා. 'එහෙනම් අර මාළුවා මට දෙනවද?' ඇහුවා. 'පුරෝහිතතුමනි, මේ මාළුවා අපිට හම්බවෙච්ච හොඳ මාළුවෙක්. අපි මූව පුළුස්සං කන්නයි මේ ලෑස්ති වුනේ. ඒකට කමක් නෑ. ඔබතුමා මේකාව ගන්න' කිව්වා.

රාග සිතින් මැරුණොත් නිරයේ....

ඉතින් බෝසතාණන් වහන්සේ අර වැලිගොඩේ දඟල දඟල හිටපු මාළුවව ගත්තා. අරගෙන වතුරේ දාලා අල්ලගෙන කිව්වා 'මාළුවෝ.. නුඹ දැන්වත් හරියට සිහිය උපද්දවා ගනිං. මං නිසා අද නුඹ යාන්තම් බේරුනා. දැන්වත් ඔයතරම් කෙලෙස් වල පැටලෙන්ට එපා' කියලා අතඇරියා. තව පොඩ්ඩෙන් එදා මළා නම් නිරයේ. එදා මාළුවෙක් වෙලා හිටපු කෙනා මේ ආත්මේ මනුස්සයෙක්. බුද්ධ ශාසනේ පැවිදිත් වෙලා. ඒත් අර සසරේ පටලැවිල්ල දිගට ම යනවා. ඒ දුර්වලකම දිගටම යනවා. ඒ බන්ධනය දිගටම යනවා. එතකොට

ගුණධර්මයන්ගේ මහා පරිවර්තනයක් නෑනේ. එහෙනම් කලාතුරකින් කෙනෙකුට තමයි ඒ ගුණධර්ම වෙනස වෙන්නේ. අනිත් හැමෝටම සාමාන්‍ය ගමන ම තමයි යන්න තියෙන්නේ. බෝසතාණන් වහන්සේට ඒ වෙනස වුනා. බෝසතාණන් වහන්සේ තමන් තුළ තිබුන සියලු දුර්වලකම් නැතිකරගෙන, පිළිවෙත් පුරාගෙන ගිහින් සම්බුද්ධත්වයටත් පත් වුනා. නමුත් උන්වහන්සේට යම් දුර්වලකමකින් යම් පුද්ගලයෙක් එදා හම්බ වුනාද, ඒ පුද්ගලයා ම ඒ දුර්වලකමින් ම තවමත් ඉන්නවා.

අපිත් එහෙම තමයි මේ ඇවිල්ලා තියෙන්නේ. මෙතනින් එහාට යන්න තියෙන්නෙත් ඒ විදිහට. අපි මේ ජීවිතේ මේ ධර්ම මාර්ගය හරි විදිහට අල්ලගන්න අදක්ෂ වුනොත් ඇතුළත් අවුල්වෙලා, පිටත් අවුල් වෙලා, අවුලෙන් අවුලට පත්වෙවී යනවා මිසක් මේකෙන් බේරිල්ලක් නම් නෑ. ධර්මය අහන්න ලැබුනට පස්සේ හිත පහදවාගෙන මේක හරියට අල්ලා ගත්තොත් නම් බේරෙන්න අවස්ථාව තියෙනවා. ඒ නිසා අපටත් මේ ධර්ම මාර්ගය දියුණු කරගෙන, තිසරණය තුළ මනාව පිහිටාගෙන, මේ බිහිසුනු සසරේ ධර්මය තුළින් පිළිසරණ ලබාගන්ට වාසනාව ලැබේවා..!

සාදු! සාදු!! සාදු!!!

⚙ ⚙ ⚙

මහාමේඝ ප්‍රකාශන